100
Extraordinary
word search
puzzles

for

COURAGEOUS
Girls

100 Extraordinary
word search
puzzles
for
COURAGEOUS
Girls

BARBOUR **kidz**

A Division of Barbour Publishing

Published by Barbour Publishing, Inc., 1810 Barbour Drive, Uhrichsville, Ohio 44683, www.barbourbooks.com

Our mission is to inspire the world with the life-changing message of the Bible.

 Member of the Evangelical Christian Publishers Association

Printed in the United States of America.

000651 0221 BP

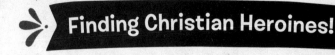

Searching for adventure...

Finding Christian Heroines!

Based on the popular picture book *100 Extraordinary Stories for Courageous Girls*, this word search collection features 100 puzzles drawn from the stories of women like

- Naomi and Ruth of the Old Testament
- Mary, the mother of Jesus
- author Jane Austen
- World War II heroine Corrie ten Boom
- civil rights icon Rosa Parks

Highlights of each inspiring life are contained in a summary paragraph, with puzzle search words set in **bold** type. When a phrase is **bold and underlined**, those words will be found together in the puzzle grid. Hidden words may be found up, down, and diagonal, both forward and backward. Answers are provided after the one hundredth puzzle.

Following God is an adventure, and these puzzles will prove it. Learn more about these world-changing women...and be challenged to be a world-changer yourself!

Abigail

READ THE STORY OF ABIGAIL IN YOUR BIBLE.
YOU'LL FIND IT IN 1 SAMUEL 25:1–42.

When Abigail's husband, **Nabal**, was **rude** to David's men, **David** became very **angry** at Nabal and sent more than four hundred **soldiers** to **confront** him...but before the soldiers got there, **Abigail** quickly and **bravely** took **action**—standing up for what she knew was **right**. She sent her **servants** to give David's men **food** and **supplies**, and she **apologized** to David for her husband's bad behavior. Abigail **saved** the day!

F K D A V I D Z Q N P H
F N D E Z I G O L O P A
S O R R N Q S A V E D D
U I O L L L I A G I B A
P T L D M M B C W T N S
P C A Y Q N O L H N E O
L A B N L N A G D D C L
I W A R F E I N U X B D
E R N R B R V R G Z X I
S K O D P R F A M R X E
Y N J M N W W F R T Y R
T S E R V A N T S B M S

Bessie Adams

I am sure that God Who began the good
work in you will keep on working in you
until the day Jesus Christ comes again.
PHILIPPIANS 1:6

In **England** during World War II, **Bessie**
Adams remembered Jesus' words to **Peter**:
"Feed my sheep." So she and her husband
brought God's Word, the **Bible**, to the people.

Bessie and Ken **Adams** rented a small
apartment where they sold Bibles and other
true Christian **literature.** People were so "**hun-
gry**" for good books about God that Bessie soon
needed a **bookstore.** She and Ken brought
God's Word to **soldiers**, war **prisoners**, and
many others. They later began a mission called
Christian Literature Crusade to feed God's
Word to people all around the **world.**

Today their **mission** serves fifty-eight **coun-
tries**, bringing true **Christian** literature to
Jesus' "sheep."

```
E  R  O  T  S  K  O  O  B  E  Y  S
A  N  S  D  G  F  Z  W  H  R  C  R
D  A  O  R  M  J  J  U  C  U  O  E
A  I  L  R  K  T  N  D  T  T  U  N
M  T  D  M  K  G  T  N  K  A  N  O
S  S  I  B  R  X  T  A  M  R  T  S
X  I  E  Y  B  E  Y  L  I  E  R  I
L  R  R  B  I  T  P  G  S  T  I  R
N  H  S  S  I  T  R  N  S  I  E  P
J  C  S  T  Z  B  G  E  I  L  S  M
P  E  T  E  R  K  L  R  O  X  F  X
B  R  D  L  R  O  W  E  N  M  M  L
```

Anna

READ THE STORY OF ANNA IN YOUR BIBLE.
YOU'LL FIND IT IN LUKE 2:21–38.

Anna talked with God **every day.** In fact, she spent most of her life **learning** God's Word and **waiting** on the **promised** Messiah, who would come to **save** the **world** from sin. One day when Anna was **very old**, she saw **Baby Jesus** in the **temple**, and she was **overjoyed**— the **Messiah** had come! Anna went and shared the **good news** of Jesus' **birth** with the people in **Jerusalem.**

```
R Q Z Y T E M P L E N S
J E R U S A L E M Y R U
W T D L E A R N I N G S
H A K L K N H L H D T E
P H I Z O T L A L Y G J
R X L T R Y I H A P O Y
O D T I I S R D M S O B
M A B T S N Y E A X D A
I N P E J R G V V C N B
S N M V E L E D P R E F
E A T V K Z D L R O W W
D D E Y O J R E V O S D
```

Annie Walker Armstrong

Whatever work you do, do it with all your heart. Do it for the Lord and not for men.

COLOSSIANS 3:23

As a **young woman** living in **Baltimore**, Annie helped people in **need**. She shared the **good news** that Jesus came to **save people** from sin so they could live with Him in **heaven** someday. Annie also **prayed** for the world's missionaries.

Annie wrote **letters** that **encouraged** others to become missionaries and start new **churches.** In 1888 she organized the Women's **Missionary** Union to help lead and **train** women in mission work.

WMU still exists, encouraging women, men, and children too to tell the world about **Jesus.** Annie's **memory** lives on through the Annie Armstrong **Easter** Offering to help support missionaries and their work.

```
N  M  E  M  O  R  Y  M  D  H  Q  M
D  C  H  U  R  C  H  E  S  H  S  I
E  K  S  D  E  Y  A  R  P  N  A  S
G  G  K  R  Y  L  H  R  E  A  V  S
A  M  O  B  E  E  J  R  J  M  E  I
R  J  K  O  A  T  O  B  N  O  P  O
U  K  E  V  D  M  T  I  L  W  E  N
O  F  E  S  I  N  A  E  R  G  O  A
C  N  M  T  U  R  E  Y  L  N  P  R
N  H  L  X  T  S  D  W  K  U  L  Y
E  A  N  E  E  D  X  Y  S  O  E  P
B  X  B  R  E  T  S  A  E  Y  J  F
```

Anna Askew

Stand firm in the faith.
Be courageous. Be strong.
1 Corinthians 16:13 NLT

Born in **England** during the reign of King **Henry** VIII, **Anna** lived in a time of **change** and **trouble**. Henry VIII ruled that anyone who did not obey the church's **teachings** was a **traitor**. Anna did not believe in **laws** made by the king's **church**, but only in what the **Bible** said. When the king said that **women** could not read or teach about the Bible, Anna **disobeyed**.

The king's men **arrested** Anna. She was tortured and **killed**. "O Lord," Anna prayed. "I have more enemies now than there be hairs on my head! Yet, Lord, I heartily desire that Thou wilt **forgive** them that violence which they do."

```
K  F  T  N  W  O  M  E  N  F  P  H
Z  X  V  L  T  R  O  T  I  A  R  T
T  D  X  X  Y  E  V  I  G  R  O  F
R  D  I  M  D  L  A  N  N  A  N  T
O  N  H  S  N  M  Y  W  M  K  E  A
U  A  C  W  O  R  C  K  Z  A  K  R
B  L  R  G  N  B  I  H  C  B  E  R
L  G  U  E  J  L  E  H  A  L  B  E
E  N  H  B  L  S  I  Y  B  N  K  S
R  E  C  E  Z  N  W  I  E  W  G  T
M  N  D  J  G  F  B  A  Q  D  M  E
K  G  P  S  N  Y  J  H  L  H  G  D
```

Jane Austen

"[God] makes known secret
and hidden things."
DANIEL 2:22

Jane **Austen** is one of the most famous **English** authors of the late 1700s. She was a **Christian** who hid valuable life **lessons** in her work. Jane's stories don't usually mention God like the **Bible** and some other books do; instead, they show how **God wants** us to live.

Jane's main **characters** learn good lessons about godly **values** like **honesty**, humility, and **overcoming** prejudice. Her characters **learn** to understand each other better and **accept** one another just as they are.

The daughter of a **minister**, Jane knew and loved God. While she didn't write directly about Jesus, Jane's **faith** was strong.

```
G F M M L Y N N Q D L G
N R K A C C E P T N C N
I T M H N H T I A F R K
M L C H R I S T I A N H
O S E K T V U T E G S Y
C M E S D Y A L O I C T
R R B U S R B D L T M S
E C I N L O W G T Y K E
V R B M N A N M M N H N
O C L X N E V S V Q R O
S R E T C A R A H C T H
N M S J R E T S I N I M
```

Gladys Aylward

I will lift up my eyes to the mountains.
Where will my help come from?
My help comes from the Lord,
Who made heaven and earth.
PSALM 121:1–2

In 1938, Gladys **Aylward**, a missionary from **England**, was in **China** teaching about **Jesus**. When war came, **Gladys** had more than a hundred **orphans** in her care. The **Japanese** army was moving toward their home. Gladys and the children began **walking** to a safer orphanage in **Siam**.

Twelve days later, they reached the **Yellow** River and found no way to cross. All the boats had been **hidden** to keep the Japanese from using them. "Ask God to get us across," the children begged her. Soon Gladys's **prayers** were answered—a Chinese officer arrived with **boats**! They crossed the river and, after twenty-eight days, arrived **safely** in Siam.

```
G V B G F L D H X D N P
L M N O N N J H G R R R
A A P T A I H E K T K A
D I T L D T K R S W C Y
Y S G R R Z S L O U G E
S N Z Y A K R L A O S R
E Y M P W Z L B R W X S
X L X H L E V P K M N N
K E B C Y P H I D D E N
D F T D A A Q K T Y M C
D A Y R N C H I N A N R
B S V S E S E N A P A J
```

Clara Barton

*For God did not give us a spirit of fear.
He gave us a spirit of power and
of love and of a good mind.*

2 TIMOTHY 1:7

Clara grew up a **shy child**, but that did not stop her from taking charge when her **brother** got seriously **hurt**. While she nursed him, Clara discovered she loved **helping** people.

When the American **Civil War** started, Clara rushed to the **combat** zone to **nurse** injured **soldiers**. Before long, people called her "the **angel** of the **battlefield**."

Clara died more than a hundred years ago, but she continues to help people today. When **hurricanes**, floods, and other **disasters** happen, among the first to show up is the American **Red Cross**. Clara set up the Red Cross in America in 1861 and led it for twenty-three years.

```
D D W H K A W W K M Z C
M L C E M R C G F D P C
H E S L N A W L L Z O P
U I R P B L H I E M R X
R F E I R C H U B G F K
R E T N X C W A R X N Y
I L S G Y L T G F T F A
C T A H C I V I L W A R
A T S S R E I D L O S M
N A I B R O T H E R G R
E B D S S O R C D E R Y
S E S R U N L J V H T H
```

Margaret Baxter

*Show other Christians how to live by your life.
They should be able to follow you in the
way you talk and in what you do.*
1 TIMOTHY 4:12

When **Margaret Baxter** lived—in the 1600s—men made the **rules. Women** were expected to follow them, live **quietly**, and happily do **household** chores. But in Margaret's mind, she and her husband were a **team.** That caused others to think of her as a "public-**spirited** woman"—in those days, not a good thing.

Margaret's husband, **Henry**, was a well-known English **preacher** and church **leader.** It was unusual for a man to take a woman's **advice** back then, but Henry recognized Margaret's **gift.** He reminded them that the **apostle Paul** had welcomed women to help spread God's Word.

J T Z V X J M X C R R N
S E M A E T X L E E Z L
P R R U L E S D T K H U
I A D G D M A X Q O B A
R G Y H H E A F U M R P
I R K F L B T S I G E E
T A N W T W E N E G H L
E M Y R O H V D T G C T
D N H R O M G N L P A S
K W K L N K E I Y K E O
Z Y D T R E D N F V R P
A D V I C E H G D T P A

Mary McLeod Bethune

Honor and thanks be to the Lord, Who carries our heavy loads day by day. He is the God Who saves us. Our God is a God Who sets us free.
Psalm 68:19–20

Struggle was an everyday word for Mary McLeod **Bethune**. Born not long after the American **Civil War**, she watched her family and other former **slaves struggle** to make a life **free** from slavery. When a **missionary** opened a **school** in her area, Mary walked miles to go there and learn. She grew up to **graduate** from college and become a **teacher**.

For the rest of her life, she worked to help **African** Americans gain **equality**. President Franklin D. **Roosevelt** chose her as his **adviser** to help bring all Americans together as equals, whatever the **color** of their skin. Soon Mary became known as a great leader, "the **First Lady** of the Struggle."

```
F  I  R  S  T  L  A  D  Y  K  L  G
M  T  K  E  T  A  U  D  A  R  G  E
I  R  O  O  S  E  V  E  L  T  E  L
S  C  I  V  I  L  W  A  R  N  P  G
S  R  E  S  I  V  D  A  U  Y  B  G
I  N  E  M  L  R  J  H  T  S  F  U
O  A  C  H  T  S  T  I  C  B  R  R
N  C  O  T  C  E  L  H  G  P  E  T
A  I  L  F  B  A  O  A  M  R  E  S
R  R  O  D  U  O  E  K  V  B  Q  H
Y  F  R  Q  L  R  L  T  V  E  L  Y
F  A  E  R  C  L  B  R  W  M  S  L
```

Saint Blandina

When I am afraid, I will trust in You. I praise the Word of God. I have put my trust in God. I will not be afraid. What can only a man do to me?

PSALM 56:3–4

In the second century, **Blandina** was a **slave**, only fifteen years old when she and her **master** were **arrested** for being **Christians**. She was given a chance to turn against **Jesus**, but Blandina **refused**. What they did to her was awful—and still, Blandina said, "I am a Christian!"

The rulers decided it would be "**entertaining**" for citizens to watch Christians being **killed** by wild **animals**. When the day of the celebration arrived, Blandina was taken into the **stadium** and killed by a **wild bull**.

The story of Blandina's life is not a happy one, but it's a story of amazing **courage** and **faith**.

```
F  A  I  T  H  P  A  J  N  K  E  L
H  N  Z  T  P  N  A  J  M  J  G  A
R  B  N  R  I  E  N  U  E  M  A  R
E  T  C  M  V  R  I  R  Y  S  R  R
F  Q  A  A  W  D  D  W  R  N  U  E
U  L  L  Q  A  K  N  K  Z  G  O  S
S  S  H  T  I  L  A  Z  D  C  C  T
E  J  S  L  C  K  L  K  N  P  Z  E
D  K  L  L  L  U  B  D  L  I  W  D
B  E  C  H  R  I  S  T  I  A  N  S
D  C  M  P  M  A  S  T  E  R  Y  J
G  N  I  N  I  A  T  R  E  T  N  E
```

Catherine Booth

Then Peter said, "I can see, for sure, that God does not respect one person more than another."

ACTS 10:34

Catherine **Booth** grew up in **England** in the 1800s. She felt God **calling** her to **preach**, but, at that time, women were not welcome as **ministers**. Catherine married a young preacher, **William** Booth. "I would not stop a woman preaching," he said. Many **accepted** Jesus as their **Savior** because of Catherine's words.

William and **Catherine** set up tents in **London**, where they preached to all who would listen. They taught others to lead people to **Jesus**, and soon they had more than a thousand **volunteers**. William called this group "the **Salvation** Army." Today the Salvation **Army** serves in more than a hundred countries!

```
S  T  S  C  A  L  L  I  N  G  Q  N
R  D  A  E  A  C  C  E  P  T  E  D
E  D  L  X  N  M  P  Z  X  M  D  D
E  N  V  T  K  I  W  R  K  D  N  N
T  O  A  M  H  N  R  M  E  A  M  S
N  D  T  X  T  I  D  E  L  A  A  K
U  N  I  K  O  S  R  G  H  V  C  J
L  O  O  M  O  T  N  P  I  T  E  H
O  L  N  Y  B  E  H  O  L  S  A  R
V  M  M  B  M  R  R  R  U  J  K  C
Z  R  B  R  P  S  Z  S  T  K  W  D
A  X  M  A  I  L  L  I  W  R  N  R
```

Evelyn "Evie" Brand

I can do all things because
Christ gives me the strength.
PHILIPPIANS 4:13

Evie and Jesse **Brand** were twentieth-century **missionaries** serving <u>**poor people**</u> in "the **mountains** of **death**" in India. Malaria—a **disease** carried by mosquitoes—killed many. For more than twenty-five years, Evie and **Jesse** did their best to help the people get well. They also shared God's Word and started a **church**. Eventually, Jesse got **malaria** and died. Evie was heartbroken!

She could have given up and returned to **London**, but she didn't. Instead, she <u>**asked**</u> <u>**God**</u> to help her do even more. "God, give me another mountain," she **prayed**. For the rest of her long life, Evie stayed in **India** helping the mountain people.

```
Y  E  S  A  E  S  I  D  A  L  M  R
P  J  W  R  V  Z  V  I  E  H  O  M
L  O  N  D  O  N  R  L  I  M  U  K
A  R  O  K  L  A  L  I  V  M  N  H
J  S  D  R  L  M  N  M  E  T  T  C
W  P  K  A  P  D  N  D  P  G  A  R
L  R  M  E  I  E  N  E  D  G  I  U
R  A  P  A  D  A  O  E  S  Y  N  H
Q  Y  V  Z  R  G  A  P  P  S  S  C
M  E  R  B  L  T  O  R  L  T  E  J
F  D  Z  K  H  G  L  D  W  E  T  J
M  I  S  S  I  O  N  A  R  I  E  S
```

Esther Edwards Burr

A friend loves at all times.
PROVERBS 17:17

Although she lived almost three hundred years ago, **Esther** Burr's **letters** and **journals** still exist. From **reading** them, we can **learn** about true **friendship**.

Esther's best friend, **Sarah**, lived too far away to **visit** in person so the women wrote **dozens** of letters to each other. "True friendship," Esther said, "is first inkindled by a **spark** from **Heaven**, and heaven will never suffer it to go out, but it will **burn** to all **Eternity**."

The two friends wrote more than a **hundred** letters before Esther died of a **fever** at age twenty-six.

```
M  F  E  H  U  N  D  R  E  D  L  Q
M  R  L  T  F  C  R  P  K  L  E  K
Q  I  R  L  E  T  I  S  I  V  A  S
T  E  E  K  V  R  L  F  N  Q  R  K
N  N  H  Z  E  N  N  E  H  E  N  S
K  D  T  R  R  S  V  I  T  W  A  N
R  S  S  R  E  A  N  T  T  R  B  H
A  H  E  P  E  A  E  E  A  Y  V  Q
P  I  Z  H  R  L  D  H  Z  R  B  R
S  P  Q  D  K  B  W  I  W  O  H  N
J  O  U  R  N  A  L  S  N  K  D  T
B  U  R  N  Q  Y  D  F  W  G  Z  M
```

Mildred Cable

But how can they call on Him if they have not put their trust in Him? And how can they put their trust in Him if they have not heard of Him? And how can they hear of Him unless someone tells them?

ROMANS 10:14

In the early 1900s, Mildred **Cable** felt <u>**God leading**</u> her to **mission** work in **China**. She became a **teacher** at a girls' school, where she met two sisters, Evangeline and Francesca **French**. The three became known as "<u>**the Trio**</u>."

People living in remote areas of the **Gobi** Desert hadn't heard about **Jesus**, so the Trio decided to tell them. They held Sunday **school** for the children. Wherever the Trio went, the <u>**good news**</u> spread. the Trio made five trips across the **desert**. When they revisited a **village**, they saw God at **work**—people accepting Jesus as **Savior** and wanting to know more about Him.

```
X  W  M  I  S  S  I  O  N  P  F  X
L  K  O  T  M  L  C  L  M  R  G  V
R  T  L  R  X  V  O  H  E  N  V  T
I  Z  X  N  K  O  K  N  I  K  T  E
G  B  M  R  H  P  C  D  S  N  W  A
O  W  O  C  W  H  A  P  U  C  A  C
O  R  S  G  E  E  N  Y  S  L  V  H
D  E  G  A  L  L  I  V  E  R  F  E
N  T  F  D  B  Q  Y  T  J  T  Y  R
E  J  O  R  A  D  E  S  E  R  T  N
W  G  K  B  C  N  R  O  I  V  A  S
S  L  M  O  I  R  T  E  H  T  R  D
```

Amy Carmichael

"I tell you, My Father in heaven does not want one of these little children to be lost."

MATTHEW 18:14

Amy **Carmichael** could have stayed in her home country of **Ireland**, ministering to the **poor**. But God wanted her in **India**!

She had to learn a new **language** and earn people's **trust**. Soon, **girls** began showing up to **learn** about the Lord. Before long, Amy had more than fifty to care for. They called her "**Amma**," which in their language means "**mother**."

For fifty-five years, Amy cared for **children** in India. When she passed away in 1951, the children used a **birdbath** to mark her **grave**. On it was **carved** the word *Amma*.

```
P G H Y M T M D L B M T
Q J T I Z M N M R R K R
L N A G N A Q E V T T L
L J B M L D H H R A N E
A C D E T T I U T M B A
N H R X O M S A D M W H
G I I M C T Y C B A T C
U L B N Q W S L R I G I
A D X L R G R A V E T M
G R B Y T A Y R P O O R
E E C A R V E D K V W A
G N K R W H H L N D Z C
```

Fanny Crosby

*A glad heart is good medicine,
but a broken spirit dries up the bones.*
PROVERBS 17:22

Fanny **Crosby** was **blind**, but that didn't stop her from writing **poems**. Her **writing** led her to meet famous people, including **presidents** and governors.

Fanny's poems were **published** in books, but none made her **famous**. Fame arrived when she began writing **lyrics** for Sunday school songs and **hymns**. In her lifetime, from 1820 to 1915, **Fanny** Crosby wrote lyrics for nearly nine thousand **songs**.

"If perfect earthly **sight** were offered me tomorrow, I would **not accept** it," she said. "I might not have sung hymns to the praise of God if I had been **distracted** by the beautiful and interesting things about me."

```
W  S  P  P  R  X  T  M  D  L  K  X
T  I  R  J  H  S  U  O  M  A  F  T
P  G  E  Q  R  B  P  P  O  E  M  S
E  H  S  Y  L  S  O  N  G  S  P  S
C  T  I  B  W  G  S  R  K  U  P  N
C  N  D  S  L  R  T  C  B  L  K  M
A  R  E  O  X  L  I  L  I  Y  Q  Y
T  R  N  R  L  D  I  T  N  R  V  H
O  X  T  C  N  S  L  N  I  K  Y  D
N  L  S  I  H  X  A  Z  Z  N  C  L
J  Q  L  E  T  F  L  T  M  N  G  D
W  B  D  I  S  T  R  A  C  T  E  D
```

Deborah

READ THE STORY OF DEBORAH IN YOUR BIBLE.
YOU'LL FIND IT IN JUDGES 4–5.

God trusted **Deborah**, Israel's only **female judge**, with a dangerous **mission**—to free the **Israelites** from the **control** of Canaan's **cruel** king. God wanted His people **freed** from the king's **evil ways**. According to Deborah, "**The Lord** has already **cleared** the way" (Judges 4:14 NCV). Deborah faced **danger** to **protect** the Israelites, and she needed **courage** for the mission. She fully **relied** on God to provide it!

```
S  E  T  I  L  E  A  R  S  I  E  J
C  N  D  F  C  Z  V  F  P  G  R  R
F  O  F  E  K  C  R  W  D  M  E  P
D  K  N  Y  R  E  O  U  V  G  L  V
R  H  M  T  E  A  J  U  N  K  I  L
O  Q  Y  D  R  E  E  A  R  H  E  C
L  B  D  H  L  O  D  L  N  A  D  R
E  F  M  A  Z  N  L  N  C  R  G  U
H  L  M  C  M  I  S  S  I  O  N  E
T  E  P  R  O  T  E  C  T  B  Y  L
F  L  L  R  T  T  Q  F  Z  E  K  X
Y  E  V  I  L  W  A  Y  S  D  N  W
```

Elisabeth Dirks

Jesus said to His followers, "If anyone wants to be My follower, he must forget about himself. He must take up his cross and follow Me."
<small>MATTHEW 16:24</small>

Elisabeth **Dirks** was a Christian **martyr**, a person killed for her **belief** in Jesus.

Elisabeth was sent to live in a **convent** school in the 1500s, a time when the **Catholic** Church was very powerful. Elisabeth **ran away** and joined others who disagreed with the church's **teachings**. She became one of the group's first female **ministers**.

For Elisabeth, **Jesus** came **first**. The authorities **arrested** her for what they said were lies about Jesus. When she would not give up her friends or her beliefs about Jesus, she was **drowned** by those who disagreed.

Be like Elisabeth. **Stand up** for Jesus, no matter what.

```
C  D  E  T  S  E  R  R  A  K  S  Q
O  X  S  J  L  Y  J  C  L  U  R  T
N  E  D  G  T  X  A  J  S  L  S  S
V  P  L  R  N  T  H  E  F  S  T  R
E  G  A  I  H  I  J  Z  P  K  A  E
N  M  R  O  S  D  H  N  C  R  N  T
T  K  L  B  T  A  R  C  R  I  D  S
F  I  R  S  T  Z  B  O  A  D  U  I
C  W  R  C  K  C  P  E  W  E  P  N
H  L  L  D  C  D  K  Y  T  N  T  I
W  B  E  L  I  E  F  T  J  H  E  M
R  P  T  Y  A  W  A  N  A  R  Y  D
```

Dorcas

READ THE STORY OF DORCAS IN YOUR BIBLE.
YOU'LL FIND IT IN ACTS 9:36–43.

Dorcas was well known among her people as a Jesus **follower.** She was a talented **dress-maker** who could have sold her **beautiful** clothing to the **rich,** but instead she **gave** it to the **poor.** Women who had nothing and were alone **caring** for their **families** and those whose **husbands** had died wore Dorcas's beautiful **clothes.** Dorcas **shined** her **light** for **Jesus** through her many acts of **kindness.**

```
K  R  O  O  P  N  K  Z  N  R  M  Q
I  R  D  R  E  S  S  M  A  K  E  R
N  I  S  R  G  X  B  J  W  K  G  S
D  C  A  B  Z  N  E  D  S  Z  R  E
N  H  C  V  E  S  I  D  T  E  L  I
E  L  R  Y  U  A  N  R  W  J  L  L
S  J  O  S  S  A  U  O  A  J  I  I
S  L  D  V  B  H  L  T  T  C  G  M
T  R  N  S  J  L  I  W  I  A  H  A
G  K  U  N  O  K  X  N  V  F  T  F
R  H  M  F  H  Q  B  E  E  J  U  K
C  L  O  T  H  E  S  X  Z  D  T  L
```

Emma Dryer

*And my God will give you everything you need
because of His great riches in Christ Jesus.*

PHILIPPIANS 4:19

God put an **idea** in Emma's heart: to **teach** others about **Jesus**. She left **college** in New York and moved to **Chicago**. There, she met D. L. **Moody**, a **preacher** who spoke to large crowds about Jesus. He admired Emma's teaching **skills** and her strong **faith** and encouraged her to start a training school for **missionaries**.

With Emma in charge, the **school** grew. She died at an old age in 1925. But all these years later, her school—Moody **Bible** Institute—is still in Chicago, **training** students to do God's work. Emma gave up everything to help God work **His plan.**

A C N A L P S I H P T C
E C V M J E S U S R R H
D Y O N K D J H L T T I
I K T L M R C Z L R K C
X K F O L A K O H A T A
K N O S E E O K T I T G
R D N T L H G F I N T O
Y H B M C L B E A I T K
J J C S L Z I R F N L Y
B I B L E D H K Z G J F
R E H C A E R P S D D V
S E I R A N O I S S I M

Anne Dutton

"Let your light shine in front of men. Then they will see the good things you do and will honor your Father Who is in heaven."

MATTHEW 5:16

When Anne **Dutton** lived in the early 1700s, men held the important roles **serving God**. Anne was a **wise** woman who loved **writing** about God and His **greatness**. But most men and many **women** felt it was wrong for a woman to be an **author**.

But **Anne** didn't write about God to focus **attention** on herself. She wrote to **focus** on *Him*! Anne created booklets, **poems**, and **hymns** about God to be shared **privately**.

In a time when women were discouraged from serving God in public, she found a way to serve. Because of her writing, others came to **know** and **love** God too.

```
N W T Q N K V H K J D Z
O G R N W I S E Y O F S
I R K I Z W Q K G M U F
T E N Q T R W G M C N W
N A O M M I N Q O L O S
E T W P J I N F L M K G
T N C M V J N G E P L D
T E N R P N O N D T L K
A S E A R F T D B O Y M
T S D Y L E T A V I R P
R O H T U A U E D V L R
P O E M S X D M B L F M
```

Sarah Pierpoint Edwards

When she speaks, her words are wise, and she gives instructions with kindness. She carefully watches everything in her household and suffers nothing from laziness. Her children stand and bless her. Her husband praises her.
PROVERBS 31:26–28 NLT

Sarah **Edwards** is an **example** of a **good wife** and **mother.** She lived in the early American **colonies**, where she **married** a famous **minister**, Jonathan Edwards. He could be difficult, but Sarah helped him become the best he could be.

Sarah had no idea how her good **parenting** would affect the **world**. Her children's **love for God** led them all either to become or marry a minister. Her many great-grandchildren included **pastors**, **teachers**, lawyers, **doctors**, business owners, **judges**, mayors, **senators**, and even a United States vice president!

```
P  D  C  S  S  E  N  A  T  O  R  S
A  O  O  R  D  D  O  C  T  O  R  S
R  G  L  E  R  M  L  G  M  E  N  M
E  R  O  H  A  D  Z  R  L  T  A  Z
N  O  N  C  W  Y  M  P  O  R  X  T
T  F  I  A  D  C  M  O  R  W  V  N
I  E  E  E  E  A  Q  I  T  L  C  L
N  V  S  T  X  T  E  Q  D  H  L  G
G  O  F  E  R  D  J  U  D  G  E  S
Z  L  R  E  T  S  I  N  I  M  C  R
P  A  S  T  O  R  S  D  G  C  L  K
G  O  O  D  W  I  F  E  R  V  V  N
```

Elizabeth

READ THE STORY OF ELIZABETH IN YOUR BIBLE. YOU'LL FIND IT IN LUKE 1.

Elizabeth, who was much **too old** to have a baby, was quite **surprised** when an **angel** shared that she would **give birth** to a child. But still, she **trusted** in God's **plan**. The angel said Elizabeth would have a **baby boy** whom she and her **husband** should name **John**. John would be **great** in the **sight of God**, he would love God, and he would introduce **Jesus** to the world. Elizabeth's **miracle** baby, John the **Baptist**, was born about six months before Jesus.

```
D  P  A  L  L  Z  T  D  H  M  W  L
G  N  V  N  V  L  L  C  T  I  T  D
I  D  A  M  G  O  M  P  E  R  C  O
V  T  G  B  O  E  L  F  B  A  T  G
E  S  Y  O  S  A  L  T  A  C  C  F
B  I  T  T  N  U  A  M  Z  L  N  O
I  T  V  X  R  E  H  B  I  E  N  T
R  P  R  Y  R  U  V  N  L  T  H  H
T  A  F  G  D  Z  S  H  E  K  O  G
H  B  W  K  J  X  Q  T  C  R  J  I
Y  O  B  Y  B  A  B  J  E  S  U  S
H  S  U  R  P  R  I  S  E  D  M  L
```

Elisabeth Elliot

*"But to you who are willing to listen,
I say, love your enemies! Do good
to those who hate you."*

LUKE 6:27 NLT

Elisabeth **Elliot** and her husband, Jim, were **missionaries** in **Ecuador** in the 1950s. Jim hoped to <u>**share Jesus**</u> with a **tribe** living by themselves deep in the **jungle**. The **Aucas** didn't trust anyone new, but Jim and some others managed to become their **friends**. At least, that's what they thought. Suddenly, the Aucas **killed** the five missionaries with **spears**.

Even after that tragedy, **Elisabeth** stayed in Ecuador. She became friends with two Auca women. They **trusted** Elisabeth. Before long, she was living with the tribe that killed her husband. Elisabeth believed that God had called her to **forgive** the Aucas. Because of that, many of them came to know and **love** Jesus.

```
S  P  T  V  X  R  F  S  T  Q  R  S
W  D  C  R  Y  R  R  Y  M  Q  E  K
W  V  N  H  U  A  Q  K  R  I  F  J
G  T  T  E  E  S  A  W  R  T  O  U
D  L  R  P  I  U  T  A  V  O  R  N
E  M  S  I  C  R  N  E  L  I  G  G
L  C  C  A  B  O  F  O  D  L  I  L
L  K  S  L  I  E  V  K  L  L  V  E
I  X  P  S  T  E  L  L  Y  E  E  Y
K  Z  S  D  E  C  U  A  D  O  R  Q
Z  I  E  L  I  S  A  B  E  T  H  N
M  S  U  S  E  J  E  R  A  H  S  N
```

Esther

READ THE STORY OF ESTHER IN YOUR BIBLE.
YOU'LL FIND IT IN ESTHER 2:1–9:25.

Queen Esther had kept a big **secret** from her **husband**, the **king**: she was **Jewish.** If he had known her background, he might not have **married** Esther. When evil **Haman** convinced the king to order that all the Jews be **killed**, Esther willingly **risked** her life to confess the **truth**—and spared the **lives** of her **people.** Esther **trusted** that no matter what happened, God was **on her side.**

```
H D N A M A H F Y H Y E
T N E T R U S T E D D D
U E F K Y M E K N N Z I
R E X P S R J R M J S S
T U L L C I W A P E K R
F Q Y E G E R M V W M E
M C S R N R L I W I Z H
M D M Q I K L P B S Z N
M M Y E L T I C O H Q O
L X D L G C T N X E M B
H U S B A N D N G V P N
Y M P B R D E L L I K F
```

Eve

READ THE STORY OF EVE IN YOUR BIBLE.
YOU'LL FIND IT IN GENESIS 2–3.

When God **created** the **earth**, He made a very **good man**, Adam. And God created a lovely **garden** called **Eden** where Adam could live. At the center of the garden was a **special tree**, the tree of learning about **good and evil**. God ordered Adam never to eat **fruit** from that tree. Then God created a very good **woman** as a **helper** for **Adam**. She was Eve.

Unfortunately, **Eve** listened to Satan and disobeyed God. Eating fruit from that one tree allowed sin to enter the world. Eve's **mistake** changed the world forever, but God still **loved** her. He even promised to send a savior through her family line! We know that **savior** is Jesus.

```
M I S T A K E L L B S H
V C N N N H K V F P G N
T G K R T R H E R D A
L R A R T T B C E Q E M
E N A R R H I P T M T O
D E T T D A L U B L A W
E R N V L E R W R R E T
N L T T H Z N K Y F R L
M R R R O I V A S C C O
V E K B K F A D A M D V
E K C Q G O O D M A N E
L I V E D N A D O O G D
```

Elizabeth Fry

The Spirit of the Lord God is on me,
because the Lord has chosen me to
bring good news to poor people.

ISAIAH 61:1

Elizabeth **Fry** had concern for the **poor.** In the early 1800s in **England**, **children** worked hard in **factories** to earn a little money for their families. Elizabeth started a **Sunday school** for them and taught them to **read.** God later led her to visit a women's **prison**, and when **Elizabeth** saw that filthy, terrible place, she found her **purpose.** She prayed for and with the prisoners, and she **taught** them to be fair to one another. Elizabeth then set up a **school** in prison.

She became well known, and because of her **fame**, she was able to get help from the **queen** and other leaders. Her **mission** grew throughout Europe.

L	O	O	H	C	S	Y	A	D	N	U	S
M	R	J	R	D	K	C	M	N	W	H	T
C	N	O	I	S	S	I	M	D	K	Z	H
K	O	F	N	F	T	A	U	G	H	T	T
P	Y	A	C	E	N	G	L	A	N	D	E
K	F	C	B	H	R	O	R	T	E	L	B
J	K	T	L	X	I	E	S	S	P	J	A
Q	L	O	W	O	A	L	O	I	Y	P	Z
U	V	R	F	D	O	P	D	K	R	N	I
E	H	I	T	A	R	H	K	R	F	P	L
E	W	E	M	U	M	P	C	Z	E	T	E
N	P	S	P	J	C	E	K	S	Q	N	Z

Ruth Bell Graham

Love each other with genuine affection, and take delight in honoring each other.
ROMANS 12:10 NLT

As a teen, Ruth **Bell** planned to be a **missionary** in Tibet. Her **plan** changed in 1940 when she met a handsome young **preacher** named Billy **Graham**. Billy believed God had planned for them to be **together** forever. He had two life-changing **questions** for Ruth. First, "Will you **marry** me?" Then, "Will you give up your **dream** of being a missionary and help me grow my **ministry**?" Ruth prayed hard, and God led her to answer yes to both questions.

Ruth discovered that being a minister's wife was <u>hard work</u>! She helped **Billy** build a huge ministry that continues to lead thousands of people to **Jesus**. Together they reached many more for Christ than Ruth could have in **Tibet**.

```
M  I  N  I  S  T  R  Y  L  R  Y  Z
H  H  D  X  T  K  Q  M  K  R  J  F
R  P  L  A  N  E  X  M  A  D  B  L
H  M  P  H  Y  G  B  N  D  L  I  D
G  A  L  R  M  R  O  I  T  L  L  W
R  E  R  F  E  I  R  O  T  E  L  G
A  R  J  D  S  A  G  A  J  B  Y  H
H  D  L  S  W  E  C  E  M  H  N  Q
A  R  I  B  T  O  S  H  T  T  W  V
M  M  B  H  W  U  R  U  E  H  L  L
W  R  E  C  S  M  R  K  W  R  J  M
F  R  J  S  N  O  I  T  S  E  U  Q
```

Betty Greene

"But with God everything is possible."
MATTHEW 19:26 NLT

Betty **Greene** wanted to be a **pilot**. But that wasn't a common job for women at the time. Her first job was with the American **military**. Then Betty's **faith** led her to start an **aviation** ministry. The idea was to **serve** missionaries.

Betty became the Mission Aviation Fellowship's first pilot. Her work took her to the **Amazon** region, **Sudan**, **Nigeria**, **Indonesia**— thirty-two countries in all. She **transported** missionaries to their camps, brought them **medical** supplies and food, and flew sick and injured people to **hospitals**. For sixteen years, Betty flew **missions** for the Lord.

The **ministry** Betty started continues today with 135 airplanes serving missionaries around the world.

```
T  R  A  N  S  P  O  R  T  E  D  A
N  V  B  M  N  O  Z  A  M  A  I  H
N  R  K  E  I  R  L  M  B  S  X  T
N  M  A  N  N  S  T  N  E  J  O  M
F  Z  V  E  F  R  S  N  A  L  D  S
M  A  I  E  V  A  O  I  I  D  E  Y
E  I  A  R  R  D  I  P  O  R  U  R
D  R  T  G  N  W  L  T  V  N  J  S
I  E  I  I  K  K  C  E  H  Q  S  K
C  G  O  L  M  I  L  I  T  A  R  Y
A  I  N  H  O  S  P  I  T  A  L  S
L  N  X  Y  R  T  S  I  N  I  M  T
```

Lady Jane Grey

"If anyone wants to keep his life safe, he will lose it. If anyone gives up his life because of Me, he will save it."

Matthew 16:25

In **England** long ago, Jane's dad arranged her **marriage** to a duke named John Dudley. Jane's cousin **Edward** would become King Edward VI. He had a half-sister named **Mary**, who was Catholic. This is important because Jane, her dad, John, and Edward were **Protestant**.

Edward was just ten when he became **king**. By the time he reached fifteen, he was **dying**. Edward named Jane **queen**. But Mary convinced others that she should be queen. Just nine days after Jane was **crowned**, Mary kicked her out.

Jane spoke out against Mary's **beliefs** and received a death sentence. Knowing she was about to die, she refused to deny her **faith**. Just before she was beheaded, **Jane** quoted Jesus' words from the **cross**: "**Father**, into Your hands I give <u>**My spirit**</u>."

```
S  F  E  I  L  E  B  R  R  X  E  N
M  M  Y  S  P  I  R  I  T  G  D  J
X  K  G  N  I  Y  D  X  A  F  N  P
M  R  M  Z  C  Z  C  I  N  P  A  R
L  A  M  K  N  R  R  K  T  F  L  O
D  H  R  K  L  R  O  K  N  A  G  T
E  C  R  Y  A  N  I  S  K  T  N  E
N  M  X  M  B  N  E  L  S  H  E  S
W  D  Q  Z  G  K  W  E  T  E  V  T
O  E  D  W  A  R  D  I  U  R  X  A
R  P  T  G  W  M  A  L  M  Q  T  N
C  G  F  V  X  F  J  A  N  E  P  T
```

Bethany Hamilton-Dirks

*"Be strong and have strength of heart!
Do not be afraid or lose faith. For the Lord
your God is with you anywhere you go."*

JOSHUA 1:9

On October 31, 2003, thirteen-year-old Bethany **Hamilton** went **surfing.** She lay on her surfboard, arms dangling in the **water**, waiting for a **wave.** Suddenly, Bethany felt **pressure** on her left arm, then a **jolt.** The water around her **turned red.** Her left arm was missing, **bitten off** at the shoulder by a **shark**!

On the ride to the hospital, a **paramedic** told Bethany, "God will never leave you or forsake you." **Bethany** lived, and she was determined not to allow the loss of an arm to keep her from surfing. One month after the **attack**, she was back on her **board.** She still surfs and even wins **competitions.**

```
W  A  T  E  R  Z  R  M  T  M  W  D
S  N  O  I  T  I  T  E  P  M  O  C
D  E  R  D  E  N  R  U  T  T  G  B
L  C  K  M  K  X  X  M  C  N  Y  I
L  I  N  W  N  R  N  H  I  J  P  T
P  D  O  B  A  M  A  F  G  Y  R  T
Q  E  T  O  N  V  R  H  N  X  E  E
P  M  L  A  J  U  E  A  S  R  S  N
R  A  I  R  S  N  H  M  L  J  S  O
R  R  M  D  T  T  B  O  X  U  F
B  A  A  J  E  M  W  L  N  L  R  F
L  P  H  B  A  T  T  A  C  K  E  K
```

Hannah

READ THE STORY OF HANNAH IN YOUR BIBLE.
YOU'LL FIND IT IN 1 SAMUEL 1:1–2:1, 21.

Hannah was **bullied** because she didn't have **children.** But instead of making her bad situation worse, she took her **troubles** straight to God. She went to the **temple** and **prayed**, asking God for **a son.** Hannah **promised** that if God gave her a son, she would give the boy back to Him. She would allow him to be **raised** in the temple so he would **grow up** to **serve God.** Because of Hannah's **faith**, God **blessed** her with a son, **Samuel.**

```
C H I L D R E N Y P P N
K R F A I T H T R U D V
N M K N T V H A W S E B
K T K C K G Y O D E S D
D T R B P E R E T R S E
S E H O D G I F E V E S
H A S K U L K N M E L I
A V M I L B T N P G B A
N Q L U M T L W L O P R
N L B R E O C E E D V V
A M P P R L R B S L Y M
H T N K K D Q P N O S A
```

Marion Harvey

Christ made us free. Stay that way.
Do not get chained all over again in the
Law and its kind of religious worship.

GALATIANS 5:1

Marion **Harvey** lived in **Scotland** in the 1600s when the **government** was Catholic and kings ruled that everyone should be Catholic. When **Marion** heard the **Bible** preached in a secret service in the fields, she accepted **Jesus** as the only way to **heaven**.

One day, on her way home from a **service**, the king's **soldiers** stopped her. Marion stood up for what she **believed**, and she was put in **prison**. When Marion said Jesus Christ is **head** of the **church**, the king's men had heard enough. The government sentenced her to die by **hanging**. She was just twenty years old.

```
G  O  V  E  R  N  M  E  N  T  Z  C
Y  C  H  U  R  C  H  R  N  X  Y  S
Z  Y  Y  E  J  K  T  O  J  K  D  R
Z  J  E  K  C  T  S  E  H  N  E  E
Q  X  V  T  M  I  S  J  A  Z  V  I
J  H  R  Y  R  U  V  L  K  G  E  D
P  A  A  P  S  M  T  R  Q  Y  I  L
B  N  H  Q  W  O  A  N  E  M  L  O
I  G  N  T  C  B  V  R  N  S  E  S
B  I  T  S  X  Z  T  M  I  N  B  D
L  N  N  E  V  A  E  H  M  O  L  L
E  G  Z  N  Z  H  E  A  D  B  N  M
```

Huldah

READ THE STORY OF HULDAH IN YOUR BIBLE. YOU'LL FIND IT IN 2 KINGS 22:14–20 AND 2 CHRONICLES 34:22–33.

Huldah, wife of the king's **wardrobe** keeper, was a **prophetess**—a woman with the **gift** of talking with God and passing **His words** to the **people.** King **Josiah** sent his men to Huldah to ask what God had to say to **Jewish** people who had been **disobedient.** The prophetess Huldah listened carefully then **shared** God's life-changing **message** with the people of **Israel**: God was **pleased** with Josiah and would hold off **punishment** as long as Josiah lived.

```
K M H M E S S A G E T T
T H R J Q X C R P Q R T
N I P L E A S E D E H N
E S H A I S O J B T A E
M W M J H P M O F D D I
H O T F L H R R E D L D
S R G E B D S R X W U E
I D V I R K A I H W H B
N S R A F H K H W N R O
U R W W S T Y H D E M S
P R O P H E T E S S J I
V Q L K H I S R A E L D
```

Anne Hutchinson

Open your mouth for those who cannot speak, and for the rights of those who are left without help.

Proverbs 31:8

Anne **Hutchinson** and her husband, **William**, enjoyed listening to a **Puritan** minister, John **Cotton**. The Church of **England** disliked John's teachings, so he **sailed** across the ocean to the Massachusetts Bay **Colony**. Anne and William followed.

Then the colony's **governor** said that women should keep their **beliefs** to themselves. But Anne held **meetings** in her house to discuss **religion**. Many began questioning the church and government leadership. The governor claimed it wasn't right for a woman to **teach men**, and he put Anne on trial for **heresy**. At her trial, she answered his questions by quoting **Bible verses**!

```
N  E  M  H  C  A  E  T  S  C  M  N
C  P  H  R  C  S  H  G  M  A  S  D
M  O  K  E  A  D  N  C  I  R  E  N
R  B  T  I  R  I  V  L  S  E  S  O
V  O  L  T  T  E  L  Z  F  N  R  S
X  E  N  E  O  I  S  X  E  G  E  N
D  G  E  R  W  N  R  Y  I  L  V  I
P  M  K  B  E  B  H  G  L  A  E  H
Y  Y  F  F  K  V  C  J  E  N  L  C
R  E  L  I  G  I  O  N  B  D  B  T
C  Y  N  O  L  O  C  G  Z  R  I  U
P  T  P  U  R  I  T  A  N  H  B  H
```

Jairus's Daughter

READ THE STORY OF JAIRUS'S DAUGHTER IN YOUR BIBLE. YOU'LL FIND IT IN MATTHEW 9:18–25, MARK 5:21–43, AND LUKE 8:41–56.

Jairus's **daughter** was **twelve** years old and **very sick**. But her **father** had **hope**. He trusted that **Jesus** could **heal** his daughter if only he could get to Him and ask. **Jairus** pushed his way through the **crowds** that followed Jesus... but by the time he got to Jesus, news came that his daughter had **died**. Jesus **followed** Jairus home, and with the words "**Little girl, get up**!" she was brought **back to life.**

```
K  S  L  I  T  T  L  E  G  I  R  L
F  B  U  H  F  O  L  L  O  W  E  D
S  A  F  R  L  M  L  A  E  H  Q  F
D  C  K  C  I  M  C  N  Q  M  K  R
W  K  R  K  H  A  F  M  P  R  M  E
O  T  E  G  O  G  J  A  J  B  V  L
R  O  T  J  P  D  E  E  T  L  K  B
C  L  H  R  E  B  S  T  E  H  V  R
R  I  G  L  G  U  D  W  U  M  E  M
R  F  U  L  S  E  T  J  Q  P  P  R
L  E  A  B  I  Z  H  T  N  K  B  V
J  R  D  D  V  E  R  Y  S  I  C  K
```

Jochebed

READ THE STORY OF JOCHEBED IN YOUR BIBLE.
YOU'LL FIND IT IN EXODUS 2:1–10.

The **pharaoh**, who was not a nice **king**, worried that the **Israelites** might become **powerful** enough to overthrow his **government**. Each **boy baby** meant more **men to fight** in the **future**. When Pharaoh ruled that all baby boys be put to **death**, **Jochebed**, the **mother** of baby **Moses**, was afraid. She created a **basket** for Moses made from straw and tar and set her baby **afloat** in the **Nile River**. Moses was found by Pharaoh's daughter and raised in the pharaoh's palace!

```
P  G  T  H  G  I  F  O  T  N  E  M
Z  O  I  S  R  A  E  L  I  T  E  S
B  V  W  R  T  M  O  T  H  E  R  M
M  E  M  E  N  A  W  N  B  D  P  N
B  R  R  D  R  Q  O  O  W  D  H  I
A  N  K  U  J  F  Y  L  E  H  T  L
S  M  K  W  T  B  U  B  F  O  A  E
K  E  W  M  A  U  E  L  R  A  E  R
E  N  L  B  O  H  F  G  H  R  D  I
T  T  Y  V  C  S  N  C  T  A  K  V
V  R  H  O  R  I  E  K  X  H  X  E
F  K  J  T  K  R  L  S  Q  P  L  R
```

Esther John

*[Jesus] said to them, "You are to go to
all the world and preach the Good
News to every person."*
MARK 16:15

Qumar Zia was born in 1929 in South **India** to
a Muslim family. But she started attending a
Christian school and was amazed when her
teacher talked openly about **Jesus.** Qumar
began **reading** the **Bible** and welcomed Jesus
into her heart. She kept it a **secret.** Her family
wouldn't approve if they knew she **loved** Jesus.

When Qumar was older, her dad planned
for her to **marry** a Muslim man. Instead, she
went to **Pakistan** and changed her name to
Esther John. She moved in with an American
missionary couple and often rode her **bike** to
nearby villages, where she **taught** women to
read. She told them about the Jesus she loved.

```
C H R I S T I A N M A K
L D N R E L B I B Q I N
T E T W B T K Q J X Z H
T V K Z T I R R E N R O
A O M V T E K K S B A J
U L N K A E A E U N M R
G H V D K K R C S Z U E
H T I V Y A Z C H F Q H
T N F R I L B Z E E Q T
G T R D T K F J D S R S
H A N P A K I S T A N E
M I S S I O N A R Y T M
```

Ann Judson

He is the Rock; his deeds are perfect.
Everything he does is just and fair.
DEUTERONOMY 32:4 NLT

Ann **Judson** was the first female American **missionary** overseas. She and her husband, **Adoniram**, sailed to **India** in 1812. But when they arrived, they weren't welcome—so **Ann** and Adoniram went instead to nearby **Burma**.

Ann **translated** the **Gospel** into the Burmese **language**. Slowly, the people began **accepting Jesus**. In time, she also **wrote** about her **work** in Burma. **American** women read her stories, and many more decided to become missionaries in **faraway lands**.

```
D E T A L S N A R T Y E
A D O N I R A M Y R T G
M L I M K S H K A W M A
E L T N U W B N T N L U
R N E S D U O Y G O M G
I B E P R I K R M S J N
C J R M S W A T K D Q A
A V A S A O C Q N U M L
N G I K N W G N Q J T Q
W M F G N I T P E C C A
S D N A L Y A W A R A F
P P P Z L D R W R O T E
```

Mary Jane Kinnaird

God does not show favoritism.
ROMANS 2:11 NLT

Mary Jane was born into a well-to-do home in the 1800s. She had lots of **ideas** for **helping** others. And after she **married** a wealthy man named **Arthur Kinnaird**, Mary Jane made things happen. Together they **raised money** for many good **causes**.

Her first project, a training **school** for household **workers**, led to something wonderful. Mary Jane made it grow and eventually combined it with a **Bible study** group. The organization became the **Young** Women's **Christian** Association—the **YWCA**. Today the YWCA is still helping women and girls from all backgrounds become the **best** they can be.

```
J  Y  E  N  O  M  D  E  S  I  A  R
R  N  K  M  W  O  R  K  E  R  S  L
N  M  S  T  C  D  T  Z  L  Z  K  E
P  A  H  E  L  P  I  N  G  I  S  N
L  M  I  Q  S  L  J  Q  N  A  J  A
O  P  A  T  Q  U  C  N  E  Q  T  J
O  A  Y  R  S  R  A  D  X  S  Y  Y
H  R  W  K  R  I  I  C  E  R  O  R
C  T  C  Q  R  I  B  W  Q  U  A
S  H  A  D  F  L  E  H  J  T  N  M
R  U  N  C  Q  N  C  D  C  L  G  Z
L  R  B  I  B  L  E  S  T  U  D  Y
```

Isobel Kuhn

"Whoever does not give up all that he has, cannot be My follower."
LUKE 14:33

In the early 1900s, Isobel **Kuhn** was a wild and **rebellious** teen. She turned against her parents' strong **Christian beliefs**. After a breakup with her **boyfriend**, she prayed, "God, if You will **prove** to me that You are, and if You will give me **peace**, I will give You my **whole life**."

Slowly **Isobel** accepted God's peace. She felt God leading her to **mission** work in **China**, so she packed her bags and went. Life there wasn't easy, but with each **obstacle**, she grew **closer** to God. All that mattered was Him. Isobel shared with others the **good news** about **Jesus**.

```
E  C  A  E  P  C  L  Q  J  K  S  L
F  V  L  R  B  J  L  R  T  U  V  B
I  M  O  L  L  E  L  O  O  M  A  O
L  V  G  N  E  P  L  I  S  N  K  Y
E  L  O  H  N  B  L  I  I  E  D  F
L  J  O  U  N  L  O  H  E  T  R  R
O  Y  D  K  E  J  C  S  R  F  B  I
H  Z  N  B  P  N  R  C  I  X  S  E
W  J  E  C  H  R  I  S  T  I  A  N
K  R  W  E  L  C  A  T  S  B  O  D
J  E  S  U  S  T  H  W  P  K  X  Z
M  I  S  S  I  O  N  Z  J  Y  N  T
```

Jeanette Li

"Ask, and what you are asking for will be given to you. Look, and what you are looking for you will find. Knock, and the door you are knocking on will be opened to you."

MATTHEW 7:7

When **Jeanette Li** was a little girl in **South China** in the early 1900s, her father, a Buddhist, worshipped **idols** instead of the one **true God**.

Jeanette first heard about Jesus in a missionary **hospital**. Seven years old and sick with a **fever**, she prayed and asked **Jesus** into her heart. After that, Jeanette attended a Christian **school** and was **baptized** at age ten.

God used Jeanette for the rest of her life to share the **good news** about Jesus. In her autobiography, Jeanette wrote: "In every period of my life, I have found God **sufficient** for my every **need**, for my **help** in every **weakness**."

```
G  D  I  D  O  L  S  B  F  D  M  Y
O  E  L  T  W  Z  H  E  W  S  M  A
O  Z  E  W  L  L  V  N  U  L  N  T
D  I  T  G  E  E  O  F  N  I  C  H
N  T  T  R  R  A  F  O  H  V  K  O
E  P  E  N  U  I  K  C  H  Y  K  S
W  A  N  N  C  E  H  N  K  C  D  P
S  B  A  I  V  T  G  K  E  E  S  I
V  D  E  W  U  G  J  O  E  S  M  T
V  N  J  O  Z  N  L  N  D  T  S  A
T  M  S  S  U  S  E  J  P  L  K  L
Q  V  C  B  L  H  E  L  P  K  W  B
```

Lois

READ THE STORY OF LOIS IN YOUR BIBLE.
YOU'LL FIND IT IN 2 TIMOTHY 1:5.

Although she's only **mentioned** once in the **Bible**, we know that Timothy's grandmother, **Lois**, had **true faith**—and she didn't **keep it** to herself! She **taught Timothy** to have that same **kind** of faith too. Lois was probably like **many grandmothers** today who **love** their **children**, grandchildren—and **Jesus**!

```
G L P Y J W L J R Z P Q
R F G R H L L O I S L D
A A W R M T T H G U A T
N I N D X K O Y F E K T
D T T E V H N M L H K D
M H Y N R A T B I E G J
O C D O M D I R E T G E
T L N I H B L P U Z Z S
H H I T X N I I L E C U
E P K N M T L P H P Q S
R J L E W T B V Z C L K
S R K M M L O V E H C W
```

Katharine von Bora Luther

Who can find a good wife? For she is worth far more than rubies that make one rich.

In 1502, three-year-old Katharine **von Bora** was sent away to a **convent** school. As a **teenager**, she wanted to get out, but **escaping** was **dangerous**. If caught, she could spend her life in prison.

Martin **Luther** was a **Protestant** leader, trying to break away from the powerful **Catholic** church. **Katharine** secretly contacted him and asked for his **help**. He did, and before long they were **married**. They grew to **love** each other deeply, as Martin called her his "**Dear Kate**." He gave her complete control of their **household**, and he listened to her **advice**. Katharine helped Martin as he formed a new Protestant church.

```
T  N  A  T  S  E  T  O  R  P  E  D
Q  T  E  E  N  A  G  E  R  G  N  A
M  A  R  R  I  E  D  D  B  A  I  N
A  C  Z  E  P  R  E  T  T  R  R  G
D  G  I  L  S  A  M  N  R  O  A  E
V  V  E  L  R  C  E  G  V  B  H  R
I  H  C  K  O  V  A  L  H  N  T  O
C  W  A  W  N  H  U  P  D  O  A  U
E  T  P  O  L  T  T  M  I  V  K  S
E  K  C  C  H  O  B  A  X  N  V  L
D  N  N  E  N  L  V  M  C  Q  G  X
T  K  R  D  L  O  H  E  S  U  O  H
```

Lydia

READ THE STORY OF LYDIA IN YOUR BIBLE. YOU'LL FIND IT IN ACTS 16:12–15, 40.

Lydia was a **business** owner in **Philippi**, which was very **unusual** for a **woman** in her day. She was a **seller** of **purple cloth**. One day Lydia went with some women to a peaceful area near a **river** to **pray.** There she met **Timothy** and Paul. She listened as **Paul** talked about **Jesus** being the only way to **heaven.** Lydia believed his words, and she invited Jesus into her heart. She became the first **Christian** in **Europe** and helped to spread the good news of Jesus!

```
P  H  I  L  I  P  P  I  S  L  T  N
M  K  U  P  A  U  L  S  T  S  H  H
H  J  P  N  F  X  E  R  E  F  E  T
C  V  E  H  U  N  K  L  C  Y  A  O
H  E  L  S  I  S  L  H  H  M  V  L
R  Q  U  S  U  E  U  T  X  K  E  C
I  K  U  R  R  S  O  A  K  H  N  E
S  B  W  Y  O  M  N  I  L  M  W  L
T  B  O  T  I  P  P  D  Y  N  Y  P
I  J  M  T  J  G  E  Y  J  A  Q  R
A  F  A  V  D  N  R  L  R  J  R  U
N  R  N  K  R  R  E  V  I  R  L  P
```

Catherine Marshall

*All the days of my life were written in Your
book before any of them came to be.*
PSALM 139:16

When **Catherine** Wood attended college in
Georgia in the 1930s, she met and **married** a
young **Scottish** preacher named **Peter** Mar-
shall. People loved his **sermons.** The US **Sen-
ate** asked Peter to be **chaplain,** and he served
until he died of a heart attack at age forty-six.

Catherine **published** a book of Peter's best
sermons. It became a **bestseller.** For the rest
of her life, she wrote nonfiction books, **biogra-
phies**, and **novels** for all ages. One of her books,
A Man Called Peter, was made into a **movie.**

Catherine never realized that marrying
Peter would lead her to become a **famous**
Christian **author.**

```
J  A  K  W  N  M  A  R  R  I  E  D
D  E  U  Y  W  I  D  P  V  W  J  E
E  N  S  T  E  T  A  N  E  S  H  I
H  I  Q  C  H  M  J  L  S  R  A  V
S  R  P  F  O  O  S  E  P  I  N  O
I  E  E  P  A  T  R  L  G  A  M  M
L  H  T  D  F  M  T  R  E  F  H  Y
B  T  E  L  O  L  O  I  J  V  M  C
U  A  R  N  R  E  Y  U  S  V  O  C
P  C  S  N  G  T  C  D  S  H  W  N
M  B  I  O  G  R  A  P  H  I  E  S
T  L  R  E  L  L  E  S  T  S  E  B
```

Martha

READ THE STORY OF MARTHA IN YOUR BIBLE.
YOU'LL FIND IT IN LUKE 10:38–42.

Mary and **Martha** were grown-up **sisters** and Jesus' close **friends**. Whenever **Jesus** and His **disciples** came to their village, Jesus stayed with **Mary** and Martha.

One time, Martha was preparing a **meal**, but Mary sat by Jesus, **listening** to everything He said. That **upset** Martha, who grumbled, "Do You see that my sister is **not helping** me? Tell her to help me."

Jesus answered, "Martha, you are **worried** and **troubled** about many things. Only a few things are **important**, even **just one**. Mary has chosen the **good thing**."

Martha's story reminds us that Jesus should be the most important person in our lives.

```
Z  L  H  N  F  R  I  E  N  D  S  D
G  I  G  N  I  H  T  D  O  O  G  E
N  S  T  P  L  A  E  M  D  S  B  L
I  T  D  E  W  G  P  K  R  D  T  B
P  E  J  L  S  B  T  E  E  I  N  U
L  N  Z  E  K  P  T  A  N  S  A  O
E  I  M  N  S  S  U  H  O  C  T  R
H  N  Q  G  I  U  P  T  T  I  R  T
T  G  Q  S  M  K  S  R  S  P  O  Y
O  Z  R  A  W  P  R  A  U  L  P  P
N  N  R  Y  T  D  P  M  J  E  M  Q
Z  Y  D  E  I  R  R  O  W  S  I  T
```

Mary, Mother of Jesus

READ THE STORY OF MARY, MOTHER OF JESUS, IN YOUR BIBLE. YOU'LL FIND IT IN LUKE 1:26–38.

On a day that started like any other, **Mary** received an extraordinary **greeting** from the **angel Gabriel**. He said, "Don't be **afraid**, Mary. . . . You will become **pregnant** and give **birth** to a **son**, and you will **name** him **Jesus**" (Luke 1:30–31 NCV). Although the angel's **message** seemed **unbelievable**, Mary chose to **trust God**. Mary's **obedience** set the stage for the birth of Jesus, the **Savior** of the world!

```
E  L  B  A  V  E  I  L  E  B  N  U
N  P  R  E  G  N  A  N  T  A  Z  K
E  G  B  R  Q  H  G  W  G  F  R  E
E  M  A  L  M  T  B  N  S  R  G  N
C  R  A  B  T  I  I  A  U  A  N  C
N  P  R  N  R  T  V  T  S  I  K  M
E  L  N  T  E  I  T  S  E  D  Y  W
I  G  H  E  O  X  E  N  J  D  R  L
D  K  R  R  C  M  Q  L  M  R  A  V
E  G  N  O  S  D  X  D  Y  D  M  P
B  V  T  K  Q  T  A  N  G  E  L  W
O  M  Q  G  D  O  G  T  S  U  R  T
```

Mary Magdalene

READ THE STORY OF MARY MAGDALENE IN
YOUR BIBLE. YOU'LL FIND IT IN MARK 16:9,
LUKE 8:2, AND JOHN 20:1–18.

Mary **Magdalene** became one of Jesus' **followers** after He **healed** her. She had been **possessed** by **demons**, and **Jesus** cast them out. **Mary** was there the day Jesus **died** on the **cross**. And three days later, she went to the **tomb** and **discovered** Jesus' **body was gone**! As she **cried**, she saw Jesus—**alive** and well! She was the first person to tell others, "**He lives**!"

```
F  P  S  E  V  I  L  E  H  T  S  B
K  N  O  H  E  A  L  E  D  R  M  O
H  N  X  S  F  N  M  B  E  O  E  D
D  H  T  C  S  P  R  W  T  S  N  Y
E  Y  R  A  M  E  O  J  P  S  E  W
M  L  N  L  C  L  S  Q  G  O  L  A
O  D  B  D  L  R  J  S  A  R  A  S
N  K  Z  O  E  E  I  L  E  C  D  G
S  N  F  F  S  I  I  E  C  D  G  O
W  Y  F  U  M  V  D  Y  D  M  A  N
W  V  S  R  E  H  K  C  J  T  M  E
K  D  I  S  C  O  V  E  R  E  D  F
```

Mary of Bethany

READ THE STORY OF MARY OF BETHANY IN
YOUR BIBLE. YOU'LL FIND IT IN JOHN 11:1–44.

Mary of **Bethany** was hoping Jesus would **heal** her sick brother **Lazarus**, but Jesus didn't show up until after Lazarus had already **died**. When **Jesus** arrived and saw how sad His **friend** was, **He cried** too. Jesus went to the **tomb** with Mary and her sister, **Martha**, where He said, "Lazarus, **come out**!" Lazarus came out of the tomb, **alive** and well! Through this **miracle**, Jesus **proved** to disbelievers in Bethany that He truly was God's **Son**!

N	R	L	W	F	N	A	V	C	G	N	P
C	O	M	E	O	U	T	L	Y	M	R	M
M	T	Q	H	E	A	L	N	I	O	T	K
I	L	V	D	M	T	A	H	V	V	L	C
R	L	A	B	E	H	Z	E	T	K	E	Y
A	D	B	Z	T	I	D	N	E	I	R	F
C	K	K	E	A	A	R	N	O	S	L	Z
L	Y	B	V	H	R	G	C	V	C	J	L
E	Y	Y	T	B	K	U	K	E	E	D	T
F	F	R	Z	M	M	H	S	S	H	I	W
V	A	A	Z	O	N	W	U	J	M	E	L
M	H	M	B	T	R	S	R	T	L	D	B

Henrietta Mears

Bring up a child by teaching him the way
he should go, and when he is old
he will not turn away from it.
PROVERBS 22:6

At age five, Henrietta **Mears** welcomed **Jesus** into her **heart**. She **taught** her first **Sunday school** class when she was twelve. She enjoyed teaching, and she was good at it.

After graduating from **college**, Henrietta taught high school **students**. Whenever she could, **Henrietta** led kids to Jesus.

In 1928, she joined the **ministry** at the First Presbyterian Church of **Hollywood**, California. It was her job to **improve** the Sunday school there and to **teach** others to be Sunday school teachers. Henrietta was so good at her job that **thousands** of **kids** and grown-ups came to **learn** about Jesus.

```
S T H O L L Y W O O D L
U H A S T N E D U T S L
N O T R P P F N R A E L
D U T A Y R H E A R T M
A S E E R R T T P G C C
Y A I M N T T G E O Y E
S N R T Z T K S L A V T
C D N G F S A L I O C T
H S E N U K E U R N W H
O N H S I G C P G V I N
O L E D E B M L R H F M
L J S L Z I M X N P T R
```

Miriam

READ THE STORY OF MIRIAM IN YOUR BIBLE.
YOU'LL FIND IT IN EXODUS 2; 15:20–21; NUMBERS 12.

When Egypt's **pharaoh** ordered his men to **kill** all the **Jewish** baby **boys**, **Miriam** helped to **save** her **baby** brother's **life**. She found a way to keep **Moses** alive by suggesting to the pharaoh's **daughter** that she find a Jewish **woman** to help care for the baby. Because of Miriam's **courageous** actions, Moses **grew up** to be a **great leader** of the **Israelites**.

```
V  S  X  M  M  F  Q  T  B  L  Q  R
R  E  P  N  I  P  N  H  M  L  N  E
E  S  U  K  R  T  C  O  E  L  T  D
T  O  W  L  I  M  F  A  F  F  C  A
H  M  E  H  A  F  G  R  N  Q  I  E
G  L  R  W  M  S  P  A  C  M  C  L
U  D  G  R  A  L  M  H  K  B  W  T
A  Z  B  V  L  O  W  P  T  V  L  A
D  N  E  I  W  Y  B  A  B  Z  N  E
L  K  K  J  E  W  I  S  H  O  Q  R
C  O  U  R  A  G  E  O  U  S  Y  G
S  E  T  I  L  E  A  R  S  I  M  S
```

Lottie Moon

You should imitate me, just as I imitate Christ.
1 Corinthians 11:1 NLT

Lottie **Moon** loved Jesus and wanted to be a **missionary** in China. But in the 1800s, it was unusual for **unmarried** women to serve as missionaries **overseas**.

In **China**, Lottie found it difficult to encourage people to **accept** Christ as **Savior**. She discovered that first she needed to be their **friend** and **show** them—instead of telling them—how to be **Christians**.

Often, she baked **cookies**. When children smelled the **delicious** treats baking, they went to her house, and before long Lottie met their **mothers**. As she made friends, the people began **listening** to her stories about **Jesus**, and many accepted Him into their hearts.

R O I V A S H G M F K C
D D E L I C I O U S S Y
G N M O T H E R S U R S
N O E X B I H J S A K N
I B V I Q N T E N S J A
N W J E R A J O E M C I
E O P Z R F I I F C M T
T H N H L S K X E V Z S
S S O D S O E P D W P I
I Z O I O D T A R H X R
L H M C B R T P S M H H
N U N M A R R I E D J C

Naaman's Servant Girl

READ THE STORY OF NAAMAN'S SERVANT GIRL IN
YOUR BIBLE. YOU'LL FIND IT IN 2 KINGS 5.

Naaman, a leader of the **Syrian** army, had a terrible skin **disease**. His **servant girl** said that she knew a **man of God** who could **heal** Naaman. So Naaman went to Elisha's door. **Elisha**, one of God's **prophets**, told Naaman to **wash** seven times in the dirty **Jordan** River... and when he did, he was healed! All because a **young** servant girl had the **courage** to share her **trust** in God's mighty **power**!

```
S V C D I S E A S E M K
L E C O L Y O U N G A G
D M R L U P T P V N N W
C H L V N R N V N A O K
K S S V A A A A Z M F T
T A J T I N D G P A G R
G W V R E R T K E A O U
J J Y F O H C G P N D S
F S R J T J P O I H L T
J K B J Y M W O E R D R
A H S I L E M A R Z L Y
V N N V R W L W L P Q V
```

Naomi

READ THE STORY OF NAOMI IN YOUR BIBLE.
YOU'LL FIND IT IN RUTH 1–4.

After Naomi's **husband** and sons **died**, her daughter-in-law, **Ruth**, insisted on **traveling** with **Naomi** back to her homeland of **Bethlehem**. They walked fifty miles from the land of **Moab**, bringing with them only what they needed for the **trip**. When they arrived, Ruth went to **work**, gathering **grain** from the field of a man named **Boaz**. He was a **relative** of Naomi's husband. Ruth and Boaz eventually got **married**, and Naomi had a **home** with them for the rest of her life. Naomi had once lost everything, but God blessed the end of her life with a special **grandchild.**

```
T  N  D  R  E  L  A  T  I  V  E  J
M  B  N  R  Y  N  D  B  A  O  M  K
Z  K  A  P  N  E  H  R  P  T  L  D
R  C  B  L  I  J  G  F  B  R  C  L
G  Y  S  D  L  R  N  E  L  A  T  I
H  R  U  T  H  I  T  D  W  V  Y  H
W  O  H  K  A  H  Y  J  W  E  L  C
X  V  M  R  L  N  T  N  T  L  K  D
W  L  G  E  P  N  A  N  N  I  R  N
X  K  H  B  O  A  Z  O  W  N  O  A
D  E  I  R  R  A  M  Z  M  G  W  R
M  P  Y  D  M  W  N  K  M  I  B  G
```

Florence Nightingale

*All things should be done in the
right way, one after the other.*
1 CORINTHIANS 14:40

Florence **Nightingale** spent her life **working** to improve **hospitals**. As a **nurse**, she saw **patients** get sick and die from dirty conditions. **Florence** made it her **mission** to clean things up.

In 1853, England's secretary of war asked Florence to gather a **team** of nurses to care for British **soldiers** in military hospitals. She ordered that the place be **cleaned up** and supplies be brought in. Florence **cared** for the men **day and night**, carrying a **lantern** with her through the halls at night. They called her "the lady with **the lamp**."

Florence is known today as the leader in modern nursing.

```
N W N O I S S I M T E R
L P M A L E H T F H L T
H O S P I T A L S G A S
P L Q V P Y O T N I G R
A J P Q D R G I N N N E
T N L H E X K M R D I I
I M U N M R C Z E N T D
E H C R O A D L T A H L
N E H W S E E Q N Y G O
T F G R R E R T A A I S
S H J A F G R T L D N X
V V C C L E A N E D U P
```

Noah's Wife

READ THE STORY OF NOAH'S WIFE IN YOUR BIBLE. YOU'LL FIND IT IN GENESIS 6:18; 7:7, 13; 8:16, 19.

The **Bible** doesn't **say much** about Noah's **wife**, but we do know that she must have **shared** Noah's **strong faith** and **trust in God**. Noah's wife **believed** him when he shared God's **plan** for **building** the **ark** and for **saving** his **family**. And so she joined **Noah** on the **big boat** (along with their three sons and their wives), trusting that God would save them from the **flood.**

T H V G N I D L I U B H
C N N X L J S L F K T W
Q Y L I M A F H M I D H
W I F E N O A H A O Y L
B K Q N R L P F G R B R
I D R N M L G N H Q E W
G O X A A N I C G E L D
B O C N O T U R N L I X
O L N R S M K Q I B E P
A F T U Y R B B V I V T
T S R A M H L R A B E M
H T S R N P G L S L D T

Betty Olsen

"Bless those who curse you,
pray for those who are cruel to you."
LUKE 6:28 NCV

Betty **Olsen** wanted to be a missionary **nurse**. In 1964, she was asked to serve in a **missionary** hospital in Vietnam. A few years later, **soldiers** raided the **hospital**. They captured **Betty** along with two coworkers. The **prisoners** were put in cages, **starved**, beaten, and made to walk for miles. One man survived to tell the story of Betty's **bravery** and **selflessness**.

He said Betty gave other prisoners the little **food** she was given. Betty's **spiritual** strength kept them going. She was abused and finally poisoned by her captors. But her coworker said that Betty was never **bitter**. "To the end, she **loved** the ones who **mistreated** her."

```
K  S  R  E  N  O  S  I  R  P  S  S
T  M  D  E  V  O  L  B  G  H  P  S
Y  D  Y  E  V  Z  E  L  N  O  I  E
R  E  S  M  V  T  T  D  G  S  R  N
E  T  B  O  T  R  O  L  E  P  I  S
V  A  C  Y  L  O  A  S  T  I  T  S
A  E  N  Y  F  D  R  T  Q  T  U  E
R  R  E  C  J  U  I  B  S  A  A  L
B  T  S  X  N  C  K  E  L  L  L  F
J  S  L  B  I  T  T  E  R  V  K  L
W  I  O  W  H  Y  J  G  D  S  M  E
N  M  I  S  S  I  O  N  A  R  Y  S
```

Rosa Parks

In Christ, there is no difference between Jew and Greek, slave and free person, male and female. You are all the same in Christ Jesus.
GALATIANS 3:28 NCV

In **Montgomery**, Alabama, where **Rosa Parks** lived, many laws separated African-**Americans** from white people. One day as Rosa sat in the "**black**" seats of a bus, many white **passengers** entered. When all the seats in the white section were taken, the driver told the African-Americans to make room. Rosa **refused**. The driver called the **police**, and they **arrested** Rosa.

African-Americans in Montgomery decided to **boycott** (stop using) the buses, and eventually the **law** was **changed** so anyone could sit anywhere on buses. Today we **celebrate** that **African**-Americans have fought and won the **right** to be treated **equally**.

```
H  L  T  A  M  E  R  I  C  A  N  S
G  P  C  Y  D  C  H  A  N  G  E  D
Z  A  E  R  G  E  F  B  K  K  R  J
Z  S  L  E  X  Z  T  W  L  E  T  S
V  S  E  M  L  R  A  S  F  A  K  F
T  E  B  O  R  L  I  U  E  R  C  R
T  N  R  G  R  D  S  G  A  R  N  K
O  G  A  T  V  E  W  P  H  M  R  C
C  E  T  N  D  T  A  L  X  T  D  A
Y  R  E  O  F  S  E  C  I  L  O  P
O  S  Q  M  O  E  Q  U  A  L  L  Y
B  W  N  R  H  N  A  C  I  R  F  A
```

Perpetua

"Have no gods other than Me."
EXODUS 20:3

Less than two hundred years after **Jesus** lived on earth, **Perpetua** was in **prison** for refusing to honor **Roman gods**. As a Christian, she would **honor** no one but **Jesus**. The **penalty** for Perpetua's "**crime**" was death. She lived at a time when the Roman **emperor** wanted to stop people from becoming **Christians** and following Christ. Asking them to honor a **false** god was one way to discover the **true** Christians and get rid of them.

When her **trial** began, the Roman **governor** asked, "Will you honor the Roman gods?" Perpetua said, "No." "Are you a Christian?" she was asked. "Yes," she answered. There was nothing left to say. Perpetua was **martyred**.

```
P  R  I  S  O  N  C  R  T  H  X  R
M  A  R  T  Y  R  E  D  J  H  M  N
X  D  Z  Z  S  C  A  X  O  C  P
T  R  U  E  L  G  U  G  Z  N  H  R
T  T  O  A  L  T  J  O  S  O  R  O
V  R  F  M  E  K  W  V  U  R  I  R
E  Y  I  P  A  J  G  E  S  Y  S  E
F  M  R  A  E  N  T  R  E  N  T  P
G  E  I  S  L  B  G  N  J  W  I  M
P  V  U  R  D  N  T  O  H  B  A  E
L  S  V  K  C  N  V  R  D  K  N  G
N  Y  T  L  A  N  E  P  P  S  S  L
```

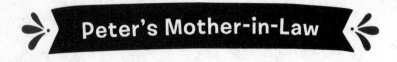

Peter's Mother-in-Law

READ THE STORY OF PETER'S MOTHER-IN-LAW IN YOUR BIBLE. YOU'LL FIND IT IN MATTHEW 8:14–15; MARK 1:29–31; LUKE 4:38–39.

Peter's **mother**-in-law was ill. And although she had plenty to do before **Jesus** and Peter's other **friends** arrived at her **house**, she ended up **sick** in bed, unable to **greet** them when they came through the **door**. Jesus showed her **loving**-kindness and **healed** her so she could **get up** and **accomplish** what she **wanted** to do—**caring** for the **needs** of **others**.

```
G  R  O  O  D  B  K  X  K  M  N  L
N  F  R  I  E  N  D  S  G  E  K  R
K  H  K  G  Y  B  Y  C  E  T  M  K
M  R  D  W  N  T  J  D  T  J  Q  M
R  C  T  D  A  I  S  M  P  D  S  R
E  A  P  E  L  N  V  U  M  U  T  R
H  R  T  L  N  G  T  O  S  S  R  F
T  I  K  A  R  E  H  E  L  I  R  P
O  N  P  E  G  M  J  O  D  C  J  Z
M  G  E  H  M  Y  D  Z  U  K  Q  L
R  T  S  R  E  H  T  O  Z  S  L  X
A  C  C  O  M  P  L  I  S  H  E  N
```

Elizabeth Prentiss

*So now, those who are in Christ
Jesus are not judged guilty.*
ROMANS 8:1 NCV

Elizabeth **Prentiss** lived in the 1800s. God gave her a special **talent**—writing. As she **wrote, Elizabeth** discovered that she loved writing for kids. Because she was **Christian**, Elizabeth wrote **stories** that she hoped would lead **children**—and adults too—to "**do good**."

Even when she became a well-known **author** and **hymn writer**, Elizabeth felt she could never live up to what God expected from her. She fought hard against those **feelings**. She remained **humble**, never seeking fame. Elizabeth wanted **more of God**. She wanted Him to fill up those places of self-doubt and **gloom**, so she put all her strength and energy into **pleasing** Him.

```
C E L G N I S A E L P R
H Q L W R O T E X E K P
R H K I N E R D L I H C
I Y S Q Z L T B L G V L
S M S Q X A M M T B S F
T N I X Z U B N B T R E
I W T G H D E E O V O E
A R N C L L O R T N H L
N I E V A O I O P H T I
H T R T V E O Q G L U N
R E P R S R V M J O A G
L R M O R E O F G O D S
```

Priscilla

READ THE STORY OF PRISCILLA IN YOUR BIBLE.
YOU'LL FIND IT IN ACTS 18:1–3, 18–28.

Priscilla and her husband, **Aquila**, became close **friends** with the **apostle** Paul, who was a **tentmaker** like them. In **Corinth**, they spent lots of time together, making tents and **talking** about the **Bible**. When **Paul** decided to <u>**move on**</u>, Priscilla and her **husband** decided to **travel** with him, and they **shared** the <u>**good news**</u> of **Jesus** wherever they went.

```
L  F  E  C  L  N  F  A  J  F  V  B
V  A  X  L  J  F  L  R  A  D  R  S
M  K  P  E  B  I  V  N  L  N  R  H
C  W  S  O  U  I  O  X  L  W  T  A
T  U  V  Q  S  E  B  V  I  K  E  R
S  R  A  N  V  T  C  Y  C  W  N  E
P  N  A  O  K  O  L  Z  S  L  T  D
K  R  M  V  R  X  L  E  I  U  M  K
L  F  R  I  E  N  D  S  R  A  A  N
Z  G  N  I  K  L  A  T  P  P  K  N
R  T  G  O  O  D  N  E  W  S  E  T
H  N  D  H  U  S  B  A  N  D  R  W
```

Proverbs 31 Woman

READ THE STORY OF THE PROVERBS 31 WOMAN IN YOUR BIBLE. YOU'LL FIND IT IN PROVERBS 31:10–31.

A **Proverbs** 31 **woman** knows how to **manage** finances. If she chooses to **work**, she does and brings **money** into the **household**. She **stays up** late at night **caring** for her **family**, and still she finds **time** to take care of herself. Most importantly, she **loves** and **respects God**, and others see Him through her. She is **wise** and helps her **neighbors**, the poor, and the needy. According to God's Word, a good wife and mom is worth more than **rubies**!

```
M H O U S E H O L D J L
Y W Y R E S H L K S S R
G L C X M I T P T E S E
W R I R I W A V N B S
D O W M T P Y O A Z R P
T Z R T A S L M S C E E
W J M K U F O R E M V C
G T T P B W T Q I O O T
K L M A N A G E B N R S
G N I R A C M Y U E P G
H M N C X D J N R Y D O
T R S R O B H G I E N D
```

Jackie Pullinger

The Lord GOD helps me, so I will not be ashamed. I will be determined, and I know I will not be disgraced.

ISAIAH 50:7 NCV

Jackie **Pullinger** always wanted to be a **missionary.** She used the little **money** she had to buy the cheapest ticket to **Hong Kong.** There, Jackie took a job as a school **teacher** in the most **dangerous** part of the **city.** Jackie saw right away that something had to be done to **change** things in this place. So she set up a center for **teens,** a safe place where they could **have fun.** She earned the trust of teens in the **gangs,** and she shared with them the **Good News** about Jesus.

Thanks to **Jackie,** there are **safe places** all around Hong Kong where people with addictions can get better and learn about **Jesus.**

```
N  T  M  O  N  E  Y  L  Y  Y  K  S
E  G  N  A  H  C  N  M  R  J  D  A
S  U  S  E  J  U  G  A  N  G  S  F
T  K  B  P  F  T  N  C  R  W  U  E
H  Q  Y  E  G  O  I  G  E  T  O  P
Y  O  V  Z  I  T  O  T  G  E  R  L
J  A  N  S  Y  O  L  T  N  A  E  A
H  A  S  G  D  V  T  M  I  C  G  C
Z  I  C  N  K  M  X  L  L  H  N  E
M  T  E  K  E  O  T  K  L  E  A  S
L  W  Q  F  I  E  N  V  U  R  D  L
S  P  G  R  G  E  T  G  P  P  L  M
```

Rahab

READ THE STORY OF RAHAB IN YOUR BIBLE.
YOU'LL FIND IT IN JOSHUA 2; 6:17, 22–23.

Rahab hadn't lived a **godly life**, but God needed her to **help** His **people**. She hid **Israelite** spies in her **house**. When it was **safe** for the **spies** to leave, Rahab reminded them she had saved their **lives**. "So now, **promise** me before the LORD," she said, "that you will show **kindness** to my **family** just as I showed kindness to you" (Joshua 2:12 NCV). The spies stayed **true** to their word, and the lives of Rahab and her family were **spared.**

```
Y  I  S  B  D  Y  J  E  F  A  S  Z
R  S  E  B  R  F  S  L  F  Y  T  D
Q  R  V  A  Z  P  Q  E  Z  B  Y  M
T  A  I  H  K  R  E  R  I  E  K  L
P  E  L  A  F  I  T  O  F  P  R  M
V  L  K  R  A  T  N  I  P  E  S  M
M  I  Z  M  M  J  L  D  S  L  M  N
C  T  L  R  I  Y  D  I  N  T  E  H
H  E  L  P  L  M  M  T  R  E  O  R
L  O  R  D  Y  O  R  Y  Q  U  S  H
J  L  O  V  R  U  Z  N  S  V  Z  S
L  G  B  P  E  P  D  E  R  A  P  S
```

Rebekah

READ THE STORY OF REBEKAH IN YOUR BIBLE. YOU'LL FIND IT IN GENESIS 25:19–27; 27:1–37.

Rebekah loved her **younger** twin son, **Jacob**, more than she loved her **firstborn**, Esau. She worried that when her husband, **Isaac**, died, **Esau** would become **head** of their **family**. She wanted Jacob to lead them. But for it to happen, Jacob needed his father's **blessing**. So Rebekah helped Jacob to **lie to his dad** and **steal** his brother's blessing!

That was the **wrong** thing to do. But Rebekah's story reminds us that **God knows** everything ahead of time. He already knew Rebekah would **trick** Isaac into giving the blessing to Jacob. God had already planned for Jacob's descendants to include King David and eventually **Jesus**!

```
R  G  P  C  E  I  T  Z  Q  F  L  M
D  Z  L  S  T  S  P  R  L  R  J  M
G  F  A  H  R  A  K  K  I  R  R  G
N  U  I  R  J  A  C  O  B  C  L  O
I  H  H  R  Q  C  L  T  R  T  K  D
S  A  Y  F  S  D  A  E  H  W  T  K
S  K  R  L  J  T  G  W  J  R  L  N
E  E  R  M  I  N  B  E  R  A  L  O
L  B  L  M  U  M  S  O  E  O  N  W
B  E  Q  O  B  U  A  T  R  D  N  S
W  R  Y  F  S  N  S  F  L  N  G  G
B  L  I  E  T  O  H  I  S  D  A  D
```

Rhoda

READ THE STORY OF RHODA IN YOUR BIBLE.
YOU'LL FIND IT IN ACTS 12:1–17.

Peter, who had been **locked up** in **prison** for talking about **Jesus**, was **freed** by an **angel** and went directly to Rhoda's **house**. When she **heard** Peter's **knock** and his **voice**, **Rhoda** became so **excited** that she ran to tell the others without **opening** the door and letting Peter in! She was **overcome** with **pure joy**!

```
Q  M  J  J  N  B  R  V  C  Z  P  K
D  Y  O  J  E  R  U  P  J  U  W  C
T  P  P  R  I  S  O  N  D  X  A  O
O  K  F  W  O  P  U  E  R  N  B  N
V  M  R  G  N  P  K  S  G  Y  E  K
E  Z  E  T  D  C  E  E  Q  C  K  D
R  L  E  L  O  R  L  N  I  B  E  L
C  L  D  L  K  E  A  O  I  T  L  L
O  X  B  L  M  T  V  E  I  N  R  K
M  B  N  Y  K  E  H  C  H  B  G  F
E  R  K  P  W  P  X  H  P  N  V  V
R  H  O  D  A  E  N  E  S  U  O  H
```

Helen Roseveare

But it is no shame to suffer for being a Christian. Praise God for the privilege of being called by his name!
1 PETER 4:16 NLT

Helen **Roseveare** studied **medicine**. She planned to **serve God** in the **Congo** as a missionary **doctor**. Helen worked hard, even making **bricks** to build small **hospitals** where she could work to **heal** the sick.

Within eleven years, the hospital grew to a hundred beds. Thousands of **patients** were helped. She took a break and went home to **England**. When **Helen** went back to Africa, she discovered things had changed. A **civil war** broke out, but Helen stayed. Enemy **soldiers** took over the hospital and held Helen **prisoner** for five months. Nothing that happened to her, she thought, could be worse than what Jesus had **suffered**.

D J S L A T I P S O H R
O F R D V N J D E F S L
C T M L E C W R R H T J
T Z S L A B L E A E N P
O C E O R E N L E N E R
R H O I L I H K V G I I
F M C N C D G Q E L T S
K K F I G X I L S A A O
S R D C N O K E O N P N
D E R E F F U S R D L E
M S E R V E G O D S M R
Z C I V I L W A R K J P

Ruth

READ THIS STORY OF RUTH IN YOUR BIBLE.
YOU'LL FIND IT IN RUTH 1:1–18.

After Ruth's **husband** and **father**-in-law died, she **honored** her **mother**-in-law, **Naomi**, by traveling with her from **Moab** to her homeland of **Bethlehem**. Ruth willingly left the place she had lived her entire **life** so Naomi wouldn't be **alone**. **Ruth** spoke these words: "Where you go, **I will go**. Where you **live**, I will live. Your **people** will be my people, and **your God** will be my God. And where you die, I will die, and there I will be **buried**" (Ruth 1:16–17 NCV).

```
W  M  E  P  T  T  R  N  D  W  L  M
H  O  N  O  R  E  D  R  G  R  N  G
L  M  O  Q  H  J  Z  L  B  P  A  T
B  J  L  T  D  M  L  T  H  B  O  M
U  M  A  R  N  P  O  I  M  X  M  Y
R  F  T  Q  A  E  M  T  V  X  I  O
I  H  F  H  B  O  K  E  H  E  J  U
E  R  T  H  S  P  W  D  F  E  Q  R
D  U  N  M  U  L  R  R  C  I  R  G
R  M  O  K  H  E  Z  J  L  B  L  O
F  A  T  N  I  W  I  L  L  G  O  D
B  L  H  M  E  H  E  L  H  T  E  B
```

Salome

READ THIS STORY OF SALOME IN YOUR BIBLE.
YOU'LL FIND IT IN MATTHEW 20:20–28.

Some think **Salome** was Jesus' **aunt**, a sister to His mother, **Mary**. Jesus had **chosen** her sons, **James** and **John**, as two of His **disciples**. Salome was proud of her sons and wanted them to have a **special** place in **heaven**. So she asked Jesus for that. He answered, "The places at My right side and at My left side are not Mine to give. Whoever My **Father** says will have those **places**."

Jesus went on to say that "**important**" people sometimes **show off** their power over others. "It must not be that way with you," He said. "Whoever wants to be **great** among you, let him **care for you**."

C	S	E	L	P	I	C	S	I	D	Z	E
G	H	U	S	H	O	W	O	F	F	L	M
C	Y	O	R	L	P	D	Z	Z	R	R	O
J	I	Y	S	F	V	C	Y	K	E	J	L
F	M	R	L	E	K	P	K	H	O	B	A
M	P	O	L	A	N	X	T	H	T	L	S
N	O	F	C	G	I	A	N	N	L	D	T
E	R	E	K	R	F	C	U	M	W	J	B
V	T	R	N	E	J	A	E	K	K	A	T
A	A	A	M	A	R	Y	X	P	N	M	F
E	N	C	R	T	N	C	T	Q	S	E	W
H	T	L	N	K	P	L	A	C	E	S	M

Samson's Mother

READ THE STORY OF SAMSON'S MOTHER IN YOUR BIBLE. YOU'LL FIND IT IN JUDGES 13:1–24.

Samson's mom was **visited** by an **angel** of the **Lord**. The angel told her that she would soon **have a son**. The angel said that her son would **grow up** to **help** set the **Israelites** free from their **enemies**, the **Philistines**. And though her **husband** didn't completely **believe** what she **told him** at first, Samson's mom **trusted** that what **God** said was **true**. Because it was!

S	S	L	O	R	D	L	M	R	J	Z	Z
E	J	E	Z	B	E	L	I	E	V	E	T
N	T	Z	I	G	R	Q	D	G	G	R	O
I	R	N	N	M	M	C	L	B	U	O	L
T	U	A	D	H	E	L	D	E	R	G	D
S	S	V	E	A	N	Z	K	M	R	H
I	T	H	T	D	A	V	E	H	G	O	I
L	E	L	I	B	B	C	E	H	F	W	M
I	D	H	S	H	R	D	E	A	K	U	X
H	R	U	I	Z	C	L	M	N	S	P	B
P	H	V	V	N	P	T	K	F	V	O	T
M	S	E	T	I	L	E	A	R	S	I	N

Sarah

READ THE STORY OF SARAH IN YOUR BIBLE. YOU'LL FIND IT IN GENESIS 17:15–17, 19; 18:10–15; 21:1–7.

Sarah was **ninety** years old when **God promised** her that she and her **husband, Abraham,** would **have a son**. And what did Sarah do when she received the **news**? She **laughed**! After all, at her advanced age, the news seemed **quite funny**! But as always, God's promise **came true** when a year later, Sarah gave birth to a **baby boy**. And she laughed once more. . .but this time with **joy** that God, in His **power**, can do the **impossible**!

```
H Q D W H B A B Y B O Y
Y U H E N Q C Z H D Y X
N J S Z H T D A T T C A
N G H B Y G V N E V A B
U K C O A E U N P T M R
F P J H A N I A Z W E A
E X O S P N D P L X T H
T G O W G H B X X V R A
I N T P E A T H P M U M
U G O D P R O M I S E D
Q S W E N A K P T N G D
F E L B I S S O P M I X
```

Edith Schaeffer

Do not forget to be kind to strangers and let them stay in your home. Some people have had angels in their homes without knowing it.

HEBREWS 13:2

Edith and her husband, **Francis** Schaeffer, settled into a home in a quiet **valley** in the **mountains** of **Switzerland**, and there they **opened** their **home** to anyone who wanted to come to **talk** about God.

Francis and Edith asked God to send people who needed to know Him. And He did. Many **guests** came to stay at L'Abri—the name of the Schaeffers' home.

All were **welcome**. Edith showed them **love** and **hospitality**. She cooked, cleaned, and shared with guests the **truth** that God is **real** and ever-present in their everyday lives. The **ministry** at L'Abri grew and continues today.

```
L R K H M I N I S T R Y
R D B T X E Q P S B C H
E N L I J R V I H W M O
M A H D Z J C O H G O S
O L O E M N M T L U U P
C R R P A E U R D E N I
L E C R E R H V C S T T
E Z F W T N D Z M T A A
W T V A L L E Y L S I L
T I F K M C K D Q T N I
H W R E A L N G R X S T
G S K L A T Y V N H N Y
```

Ida Scudder

"If you refuse to take up your cross and follow me, you are not worthy of being mine. If you cling to your life, you will lose it; but if you give up your life for me, you will find it."

Matthew 10:38–39 NLT

Ida Scudder's family included many **missionary** doctors in India. Ida's dad was one of them. While living in **India** in the late 1800s, Ida saw how **poor**, sick, and **hungry** the people were. She saw three **women** die because they wanted to be treated by a **female doctor** and there was none. So Ida went back to **America** and got a medical **degree**.

Dr. Ida **Scudder** returned to India. She set up **clinics** and a **hospital**, and she trained women to become **nurses**. She eventually started a medical school where women, and later men, learned to be doctors. It is still one of the top-ranked medical **schools** in India.

```
R  O  T  C  O  D  E  L  A  M  E  F
F  C  L  I  N  I  C  S  L  W  P  N
A  G  M  Z  L  L  F  R  O  Y  J  K
H  C  J  M  Z  W  E  M  R  Z  S  M
U  T  I  J  D  D  E  A  H  X  C  K
N  A  B  R  D  N  N  Q  P  M  H  N
G  D  T  U  E  O  U  L  R  O  O  E
R  I  C  C  I  M  B  R  K  M  O  E
Y  S  P  S  R  J  A  W  S  N  L  R
V  L  S  C  T  N  N  R  H  E  S  G
L  I  R  Y  D  I  N  D  I  A  S  E
M  L  A  T  I  P  S  O  H  Z  Z  D
```

Shiphrah and Puah

READ THE STORY OF SHIPHRAH AND PUAH IN YOUR
BIBLE. YOU'LL FIND IT IN EXODUS 1:8–21.

Shiphrah and **Puah** were **midwives**—nurses who helped women when they had **babies**. One day **Pharaoh** said to them, "When an **Israelite** woman gives **birth**, if the baby is a girl, let her live. If it's a boy, <u>**kill him**</u>!" Shiphrah and Puah secretly allowed the <u>**baby boys**</u> to live and their mothers to **hide** them. God **blessed** Shiphrah and Puah for **obeying** Him. He gave them **families** of their own. And because of these two nurses, the Israelites **grew** in number.

```
C  B  T  K  D  L  H  H  T  R  I  B
O  B  A  V  B  B  L  E  S  S  E  D
Y  B  M  B  Q  L  X  H  R  X  V  L
M  F  E  H  I  Z  Q  A  F  B  M  S
G  I  A  Y  V  E  E  R  A  T  M  Y
Y  U  H  E  I  L  S  H  M  P  Z  O
P  V  D  L  I  N  G  P  I  H  N  B
K  I  M  T  L  R  G  I  L  A  T  Y
H  Q  E  L  E  I  K  H  I  R  Q  B
N  F  R  W  J  L  K  S  E  A  R  A
M  I  D  W  I  V  E  S  S  O  N  B
H  X  G  D  K  B  Y  L  N  H  M  T
```

Shunammite Woman

READ THE STORY OF THE SHUNAMMITE WOMAN IN YOUR BIBLE. YOU'LL FIND IT IN 2 KINGS 4:8–37.

The **Shunammite** woman—a **woman** from the **town** of Shunem—**blessed** Elisha when he was in her **village** by making **food** for him to **eat** and giving him a **place to stay.** Because of her **hospitality,** Elisha wanted to do something for the woman. He **learned** that she and her **husband** didn't have a **son. Elisha** told her, "At this time **next year** you will hold a son in your arms" (2 Kings 4:16). And God made sure it was so!

E Y L L D E L I S H A V
T Y A Q B E N Z P F L I
I T R T V L N J L L T L
M I A Q S O E R M X T L
M L E F S O J S A P M A
A A Y R J X T N S E K G
N T T O W N A E N E L E
U I X F G M R F C M D K
H P E F O D O G B A J G
S S N W N O Y Y W X L M
K O M X D N A B S U H P
G H H P N G T A E X R M

Mary Slessor

For You are good and ready to forgive,
O Lord. You are rich in loving-kindness
to all who call to You.

PSALM 86:5

Mary **Slessor** was a **Scottish** missionary in **Africa** in the late 1800s and early 1900s. Superstition was everywhere among the **tribes** she met. One of their worst **beliefs** was that if a woman gave birth to **twins**, the second-born was **possessed**. Tribes left those **babies** in the **jungle** to die.

Mary's **mission** was to show **mercy** to those who were treated badly because of **false** beliefs. She opened a **house** for the twins who were **left behind**. The tribes learned not only to accept Mary but also to **respect** and love her. Of course, she taught them about Jesus!

```
L  A  F  R  I  C  A  Y  L  T  Z  B
Y  N  N  N  G  H  X  J  W  H  T  D
C  T  T  O  F  X  U  I  S  C  E  N
R  B  R  G  I  N  N  I  E  S  N  I
E  E  V  I  G  S  T  P  L  Z  R  H
M  L  Z  L  B  T  S  A  H  L  O  E
K  I  E  M  O  E  F  I  T  T  S  B
N  E  L  C  R  M  S  M  M  J  S  T
H  F  S  C  G  R  D  V  P  X  E  F
K  S  L  S  E  I  B  A  B  P  L  E
G  T  M  W  H  O  U  S  E  H  S  L
V  D  E  S  S  E  S  S  O  P  K  D
```

Susannah Spurgeon

Her husband trusts her completely.
With her, he has everything he needs.
PROVERBS 31:11 NCV

Married to a famous **pastor** in **London**, Susannah **Spurgeon** quickly learned that she would never be as **important** to her husband as God was. **Charles** Spurgeon was always doing something for his **church**. Instead of complaining, Susannah joined Charles in making God *their* **priority**.

Charles wrote **sermons** and books about being a **Christian**, and **Susannah** proofread his work. Soon, she started a **charity** called the **Book Fund**. With her own money, Susannah **mailed** a hundred books to pastors in need. By the time she died, almost two hundred thousand books had been sent to Christians throughout **England**.

```
C  H  D  N  R  N  L  O  N  D  O  N
H  M  S  S  U  S  A  N  N  A  H  G
R  S  D  P  Z  H  C  R  U  H  C  R
I  N  D  Y  U  N  X  Y  C  R  M  I
S  O  E  Y  W  R  Y  K  K  K  R  M
T  M  I  L  T  T  G  C  H  O  M  P
I  R  R  X  I  I  H  E  T  C  A  O
A  E  R  R  H  A  R  S  O  P  I  R
N  S  A  K  R  F  A  O  Q  N  L  T
K  H  M  L  N  P  P  X  I  G  E  A
C  G  E  N  G  L  A  N  D  R  D  N
L  S  B  O  O  K  F  U  N  D  P  T
```

Patricia St. John

There is a special time for everything. There is a time for everything that happens under heaven.

ECCLESIASTES 3:1

During World War II, **Patricia** St. **John** decided to help her country by becoming a **nurse.** When the **war** ended, she helped her **aunt** run a girls' **boarding** school. Patricia enjoyed telling **bedtime** stories. She realized she could **write** children's **stories** that were **fun to read** and also **taught** kids about **God.**

When Patricia returned to England, she wrote children's books based on her life **experiences.** You might enjoy reading them. Look for *Star of Light*, *The Tanglewoods'* **Secret**, *The Secret at Pheasant Cottage*, **Rainbow** *Garden*, *Treasures of the Snow*, and *Where the River Begins*.

```
S  E  T  S  E  C  R  E  T  N  H  N
E  A  T  K  G  O  D  T  H  K  F  L
C  I  R  I  T  L  C  O  J  C  U  F
N  C  A  L  R  B  J  Z  T  B  N  V
E  I  I  L  V  W  P  W  O  F  T  M
I  R  N  U  R  S  E  A  A  V  O  S
R  T  B  V  K  R  R  T  N  R  R  E
E  A  O  T  T  D  H  D  A  X  E  I
P  P  W  Y  I  G  X  R  U  J  A  R
X  P  R  N  U  L  T  Q  N  R  D  O
E  M  G  A  N  N  K  B  T  B  G  T
Z  K  T  E  M  I  T  D  E  B  W  S
```

Betty Stam

"Do not be afraid of what you will suffer. Listen! The devil will throw some of you into prison to test you.... Be faithful even to death. Then I will give you the crown of life."
REVELATION 2:10

Betty and her husband, **John Stam**, went to **China** as **missionaries**. It was a time when **Communists** plotted to **overthrow** the Chinese **government**. Soon, **soldiers** arrived at their door.

Betty and John **welcomed** them with the **kindness** of Jesus. But the soldiers **kidnapped** Betty, John, and their baby, putting them in **prison** and demanding a **ransom**—money—for their release. The Stams knew their mission headquarters wouldn't pay a ransom. But they had **peace**, knowing that even if they died for Jesus, it would be worth it.

The Communists murdered Betty and John. But their story spread around the world and touched the **hearts** of many.

```
T Y T N E M N R E V O G
V T X O V E R T H R O W
R T N W S S E N D N I K
S E I R A N O I S S I M
K B P Z L H M S M N G Y
P E A C E O O A M M T V
N J F A S L T N K W R J
M K R N D S N O S I R P
L T A I N M C H I N A M
S R E H D E M O C L E W
K R O K I D N A P P E D
S J C O M M U N I S T S
```

Anne Steele

Sing to the Lord a new song. Let all the earth sing to the Lord. Sing to the Lord. Honor His name. Make His saving power known from day to day.
PSALM 96:1–2

Anne **Steele** was a **British** songwriter and **poet** in the 1700s. She often **entertained** her friends by **reading** them poems she had written. But "**Nanny**," as her friends and family called her, was not eager to **publish** them. She was **humble**, not wanting **attention** drawn to herself. Anne was in her forties before she agreed to share her work with others.

Anne finally published her writing using a pen name, **Theodosia**, and gave the **money** she earned to **charities**. The **hymns** she wrote became very **popular**, especially in Baptist churches. She wrote church **songs** and became known as "the mother of the English hymn."

```
S  E  M  P  L  V  P  D  S  N  P  L
O  L  R  L  Y  U  Y  N  K  O  D  H
N  E  M  E  B  E  M  Z  P  I  E  N
G  E  K  L  A  Y  N  U  K  T  N  T
S  T  I  N  H  D  L  O  N  N  I  H
W  S  T  A  M  A  I  H  M  E  A  E
H  W  Z  N  R  M  S  N  Y  T  T  O
K  R  M  N  L  I  D  C  G  T  R  D
M  Y  J  Y  T  V  M  Q  T  A  E  O
K  S  E  I  T  I  R  A  H  C  T  S
B  T  R  F  Y  P  O  E  T  C  N  I
M  B  B  J  E  L  B  M  U  H  E  A
```

Joni Eareckson Tada

I asked the Lord three times to take [the trouble in my body] away from me. He answered me, "I am all you need.... My power works best in weak people." I am happy to be weak and have troubles so I can have Christ's power in me.

2 CORINTHIANS 12:8–9

Joni has been in a **wheelchair** for fifty years. She was perfectly well until a **diving** accident **paralyzed** her at age seventeen. She says, "I really would rather be in this wheelchair knowing **Jesus** as I do than be **on my feet** without Him."

In 1979 Joni started a worldwide **ministry** called Joni and **Friends** to aid those with **disabilities**. Being disabled hasn't stopped her from living a **full life**. She hosts **radio** and television **programs** in which she shares God's Word and positive **stories** of others with disabilities. Joni has written more than forty **books**, recorded **albums** of songs, and even starred in a movie about her life.

```
D  J  S  T  J  R  D  I  V  I  N  G
I  Z  E  D  Z  S  Q  Y  C  P  Y  G
S  L  F  S  N  M  M  C  G  A  K  R
A  S  I  Y  U  E  Z  U  O  R  I  C
B  T  L  I  B  S  I  N  B  A  H  X
I  O  L  N  P  O  M  R  H  L  K  W
L  R  L  O  G  Y  O  C  F  Y  A  H
I  I  U  J  F  I  L  K  X  Z  J  R
T  E  F  E  D  E  V  T  S  E  W  R
I  S  E  A  E  J  V  W  K  D  N  D
E  T  R  H  P  R  O  G  R  A  M  S
S  Q  W  X  Y  R  T  S  I  N  I  M
```

Maria Taylor

*How beautiful on the mountains are the feet
of the messenger who brings good news,
the good news of peace and salvation,
the news that the God of Israel reigns!*

Isaiah 52:7 NLT

Maria's parents were **British** missionaries to the **Chinese** people in the 1800s. Sadly, they died by the time she was nine. She went to live with an uncle in **England**, then at age sixteen returned to China. There she **married** the British **missionary** Hudson Taylor.

They started a **school** and even operated a **hospital**. When **Hudson** became ill, the Taylors returned to England so he could **recover**. Hudson asked God for twenty-four missionaries to go back to China with him and **Maria**. God answered his **prayer**.

Back in China, Maria worked with the female missionaries, **training** them to **serve** the Chinese and **teach** them about **Jesus**.

```
J  M  L  M  P  R  A  Y  E  R  B  W
N  I  T  L  A  Z  W  S  J  H  R  X
R  S  K  R  K  R  C  J  A  Z  E  Z
E  S  R  Q  A  H  R  I  K  S  J  K
V  I  G  D  O  I  R  I  E  W  J  H
O  O  H  O  R  A  N  N  E  E  S  S
C  N  L  K  M  N  I  I  S  D  E  I
E  A  J  K  X  H  O  U  N  R  R  T
R  R  L  V  C  C  S  S  M  G  V  I
N  Y  T  E  A  C  H  T  D  N  E  R
L  A  T  I  P  S  O  H  M  U  L  B
R  E  N  G  L  A  N  D  L  H  H  T
```

Corrie ten Boom

I will say to the Lord, "You are my safe and strong place, my God, in Whom I trust."

Psalm 91:2

Corrie grew up in a **Christian** family in the **Netherlands.** During World War II, the <u>**ten Booms**</u> wanted to help the **Jews.** Corrie and her sister **Betsie** helped Jews **escape** from the **Nazis** by **hiding** them in their home. Eventually, Nazis **arrested** the entire ten Boom **family**, but the Jews hiding in their **closet** escaped.

Corrie and Betsie were put in a concentration **camp**, where they were treated poorly. Still, they held secret worship **services** using a **Bible** they had managed to sneak in. Betsie died in the camp, but Corrie survived. She wrote about her journey in a bestselling book called *The Hiding Place*.

```
Z  N  E  T  H  E  R  L  A  N  D  S
X  G  T  W  S  D  C  B  F  Y  F  J
Z  N  F  E  Q  I  E  L  N  D  T  E
L  I  H  R  N  T  Z  A  O  S  B  W
C  D  L  K  S  B  I  A  E  S  D  S
A  I  J  I  L  T  O  R  N  E  E  L
M  H  E  H  S  E  V  O  T  V  G  T
P  R  J  I  R  I  X  S  M  Z  H  V
T  G  R  R  C  R  E  X  B  S  P  N
R  H  C  E  W  R  W  E  L  B  I  B
C  N  S  F  R  O  F  A  M  I  L  Y
X  N  B  A  C  C  E  P  A  C  S  E
```

Saint Teresa of Avila

*Lead them in the right way so
they will have strong faith.*
TITUS 1:13

Teresa of **Avila** lived in the 1500s. For her first forty years, she had a **lukewarm** faith. But one day, Teresa noticed a **statue** of **Jesus** on the **cross**. She saw it in a way she hadn't before. She felt Christ's **powerful** love for her. Teresa's **faith** grew.

Quiet **prayer** was important to **Teresa**. She wanted to start **convents** for women and monasteries for men where they could **dedicate** their lives to prayer and **serving God**.

Teresa had the gift of understanding the **spiritual** life. She wrote down her ideas about prayer and living for God. More than four hundred years later, people are still **reading** her **books**.

```
C  L  L  A  U  T  I  R  I  P  S  N
Z  S  T  A  T  U  E  N  O  M  N  D
R  A  K  H  K  K  Y  W  C  A  K  O
S  S  L  J  M  M  E  K  R  L  E  G
T  E  V  N  E  R  W  M  O  I  T  G
N  R  X  R  F  S  R  N  S  V  A  N
E  E  Q  U  E  A  U  K  S  A  C  I
V  T  L  Y  W  Y  O  S  L  N  I  V
N  G  N  E  W  O  A  C  R  Y  D  R
O  L  K  V  B  C  W  R  Y  B  E  E
C  U  H  T  I  A  F  T  P  G  D  S
L  N  R  E  A  D  I  N  G  L  L  N
```

Mother Teresa

Happy is the man who cares for the poor.
The Lord will save him in times of trouble.

PSALM 41:1

Saint **Teresa** of **Calcutta** began her life in **Macedonia** as a little girl named **Agnes**. At age eighteen, she left home and traveled to **Ireland**, where she **trained** for work as a nun in **India**. While there, she took her final vows and received the name **Mother** Teresa.

She felt **Jesus** telling her to **work** directly with the **poorest** people in the Calcutta **slums**. There she **nursed** the sick, fed the hungry, and brought love to those who felt lonely and forgotten. She received many **awards**, including the **Nobel** Peace Prize.

Y	R	E	H	T	O	M	A	Y	R	M	N
K	Y	D	D	J	N	T	N	M	T	W	D
R	F	A	T	P	T	R	A	I	N	E	D
O	A	C	W	U	O	R	N	O	B	E	L
W	R	G	C	A	B	O	R	G	S	G	I
Q	S	L	N	S	R	R	R	J	C	R
R	A	U	M	E	Y	D	U	E	P	T	E
C	T	Z	S	R	S	N	S	I	S	M	L
T	M	A	C	E	D	O	N	I	A	T	A
D	D	F	N	T	J	D	B	Z	R	N	N
C	P	M	C	X	I	C	H	Y	F	Q	D
Z	N	N	R	A	Y	S	M	U	L	S	D

Lilias Trotter

Choose my instruction rather than silver,
and knowledge rather than pure gold.
PROVERBS 8:10 NLT

Lilias **Trotter** was born with an **artistic** gift. Her **talent** was so great that she might have become one of England's best artists of the nineteenth century. But **Lilias** felt God **calling** her to be a **missionary** in North **Africa**.

Over the next forty years, Lilias **traveled**, often by **camel**, throughout the North African **coast** and the **Sahara** Desert. She set up mission **stations**—places where missionaries lived and worked. Wherever she went, Lilias carried the **Word of God** to the people, and many came to know Him. And she kept **journals** of her travels, filling the pages with her **beautiful** artwork!

N Q P L W M C A R L D Z
C T D Q C J F C E S O B
A S M L T R I Z T L G E
L A L I I T P F T A F A
L O K C S L W C O N O U
I C A I L S I R R R D T
N D T W F E I A T U R I
G R P K L C M O S O O F
A T S A H A R A N J W U
N X T A L E N T C A J L
H S N O I T A T S N R R
H T T D E L E V A R T Y

Sojourner Truth

*"You will know the truth and
the truth will make you free."*
John 8:32

Sojourner Truth was born a **slave** in the late 1700s. Her given name was **Isabella**. When she was nine, her owner **sold** her along with a flock of **sheep** for one hundred dollars. When she was about thirty, <u>New York</u> began allowing slaves the **freedom** to live on their own. Isabella's owner didn't want to free her, so she **escaped.**

Isabella became a traveling **preacher.** She believed that God wanted her to take the name Sojourner **Truth.** She traveled about, preaching the truth from God's **Word.** She **fought,** through her words and **actions,** to free the slaves in **America** and for <u>equal rights</u> for women.

R H W K C T N R N E D D
H R J J H J N E G Q K R
A T M G M J W N F U M O
S M U K W Y D R Q A N W
G O E R O F W U R L P E
F R L R T W E O D R R S
S R K D I V K J H I E C
H F P C A C D O L G A A
E M M L R F A S V H C P
E I S A B E L L A T H E
P M O D E E R F Q S E D
T K A C T I O N S J R J

Harriet Tubman

You were chosen to be free. Be careful that you do not please your old selves by sinning because you are free. Live this free life by loving and helping others.

GALATIANS 5:13

Young **Harriet** was a **slave**. After years of abuse by her master, she managed to **escape**. Harriet traveled at **night**, following the **North Star**. After a long **journey**, sheltering at "**Underground** Railroad" houses along the way, Harriet reached **freedom**.

Harriet **went back** to the South—many times—to help other slaves escape. She used **coded** songs to communicate. To other people, the **words** sounded like **praise** songs to the **Lord**. But to those participating in the escape, the **lyrics** provided special instructions.

Harriet remained persistent and courageous, **risking** her life to help about three hundred slaves escape to freedom.

```
L  P  T  X  F  E  S  C  A  P  E  Z
Y  E  E  D  L  O  R  D  J  J  R  D
R  S  I  P  E  Y  V  O  N  N  I  F
I  I  R  T  X  D  U  N  O  K  S  R
C  A  R  K  L  R  O  R  R  C  K  E
S  R  A  K  N  H  E  C  T  A  I  E
N  P  H  E  N  V  H  S  H  B  N  D
T  I  Y  M  A  J  D  B  S  T  G  O
L  P  G  L  F  R  W  D  T  N  Y  M
K  Q  S  H  O  Y  Y  N  A  E  L  K
Q  T  N  W  T  K  V  B  R  W  Y  V
N  D  N  U  O  R  G  R  E  D  N  U
```

Mary Verghese

"My life is worth nothing to me unless I use it for finishing the work assigned me by the Lord Jesus—the work of telling others the Good News about the wonderful grace of God."
ACTS 20:24 NLT

Mary **Verghese** had just become a **medical** doctor in her home country of **India**. Then a car **accident** left her legs **paralyzed**. "God, why couldn't You have <u>**let me die**</u>?" she prayed. But God had great **plans** for Mary's life.

People in India suffered from **leprosy**, and a **doctor** friend suggested that **Mary** might be **helpful** to them. By God's grace, Mary learned to perform **surgeries** while sitting in her **wheelchair**. She even started the first **center** in India to **treat** people with leprosy, as well as injuries to the spine and brain.

```
A N W D Y H E L P F U L
N C R H L S Z T R E A T
V G C Z E R O L T L W R
P S N I T E Y R A X L O
A E E M D R L C P E R T
R I S R A E I C T E Z C
A R E M E D N M H G L O
L E H Y E T E T L A D D
Y G G M Y D N I N D I A
Z R R R I W T E N Z R R
E U E E N D Q R C N M H
D S V G V W J S N A L P
```

Judith Weinberg

*"You are the Christ,
the Son of the living God."*
MATTHEW 16:16

Judith **Weinberg** grew up a Jew in **Russia** during World War I. She met and planned to **marry** a **Jewish** man named **Solomon**. But Judith wondered about **Jesus**, so she convinced Solomon to join her at **services** of a Christian **church**. There Judith accepted Jesus as her **Savior**. Her fiancé and family hated that she became a **Christian** and **disowned** her.

Judith and other Christians **preached** about Jesus. One day **soldiers** came into a prayer meeting she led. When they heard Judith say they were **sinners** and needed Jesus, the soldiers hated her words. They **killed** her for being a Christian.

F L S R E I D L O S G W

P R E A C H E D N O R V

D F J N J W N A M L E R

L S R E N N I S K O B O

T F S H W T H A C M N I

Q U Q H S I I C M O I V

S X T I V S S W R N E A

Z M R L S L G H Z U W S

K H Z U D E L L I K H B

C B R D I S O W N E D C

M M F P B T M A R R Y L

N S E C I V R E S K L T

Susanna Wesley

Children are a gift from the Lord.
The children born to us are our special reward.
PSALM 127:3

Susanna **Wesley** knew the meaning of **hardship**. Nine of her children **died** when they were babies. Susanna's husband, **Samuel**, a pastor, wasn't good with **money**. His money problems twice sent him to **jail**. If that wasn't bad enough, their house **burned** down—twice!

Through it all, **Susanna** was a **great mom**. She educated her kids, **taught** them the Bible, kept the household running, and held Sunday **prayer** services at home when her husband was away. She is well known because of two of her sons. **John** is famous for starting the **Methodist** Church. **Charles** wrote the words to more than six thousand **hymns**.

M B Q Y P R A Y E R G H
O X B E C H A R L E S C
N P Q L X N T R M Z Q R
E K K S V D E N R U B J
Y K W E A Q D P P T A M
W S V W F N I Z H I H O
J N A J V H N G L W Y M
Z O V M S R U A Z T M T
R J H D U A D K S R N A
L C R N T E K T L U S E
M A D I E D L P H K S R
H T S I D O H T E M L G

Widow of Zarephath

READ THE STORY OF THE WIDOW OF ZAREPHATH IN YOUR BIBLE. YOU'LL FIND IT IN 1 KINGS 17:7–16.

During a time of **famine** (when **food** is hard to get), **God told** his **prophet** Elijah there was a **widow** in **Zarephath** who would **take care** of him. When **Elijah** arrived and asked the widow for **food** and water, she had only a **handful** of flour left in a jar and a little olive oil—just enough for one **last meal** for her and her son. She took care of Elijah, and in the process, her **flour** and **oil** never **ran out**. God saw to it that she had **enough** to eat!

```
L  A  S  T  M  E  A  L  M  E  T  X
Z  D  R  C  H  N  P  B  L  R  U  D
B  M  O  K  R  I  Z  I  U  V  O  Z
W  P  R  O  K  M  J  O  V  O  N  A
T  I  V  M  F  A  L  X  F  H  A  R
A  M  D  X  H  F  K  G  L  E  R  E
K  Z  Z  O  V  T  Y  J  U  N  L  P
E  T  Y  W  L  D  V  F  O  W  H
C  P  G  O  D  T  O  L  D  U  Z  A
A  L  Z  H  I  W  T  V  N  G  Q  T
R  L  C  G  R  L  B  P  A  H  P  H
E  T  E  H  P  O  R  P  H  Y  M  B
```

Widow Who Gave Two Mites

READ THE STORY OF THE WIDOW WHO GAVE TWO MITES IN YOUR BIBLE. YOU'LL FIND IT IN MARK 12:41–44; LUKE 21:1–4.

Jesus sat in the **temple** watching people put **money** into the money **box**, kind of like the **offering** plates passed in **churches** today. The **rich** people gave a lot, but they had **plenty** left over. A **poor widow** entered the temple and put **two mites** into the box—**giving** all she had to **live** on. Jesus noticed the **sacrifice** she had made, and He used this widow's story to **teach** His followers about **true** giving.

```
W  O  S  A  C  R  I  F  I  C  E  L
O  F  S  E  T  I  M  O  W  T  N  D
D  F  E  K  T  R  U  E  Q  Q  T  M
I  E  L  V  M  B  L  X  L  R  L  Q
W  R  M  V  I  P  M  O  N  E  Y  C
R  I  T  K  M  L  M  B  K  R  H  F
O  N  M  E  X  W  Y  B  T  U  S  G
O  G  T  P  A  T  P  T  R  K  U  I
P  T  R  Q  N  C  H  C  I  R  S  V
T  K  K  E  P  J  H  L  B  F  E  I
T  L  L  N  F  E  R  L  N  O  J  N
J  P  K  C  S  K  N  K  L  N  X  G
```

Margaret Wilson

*So when the name of Jesus is spoken,
everyone in heaven and on earth and
under the earth will bow down before Him.
And every tongue will say Jesus Christ is
Lord. Everyone will give honor
to God the Father.*

Philippians 2:10–11

Margaret **Wilson** grew up a **Presbyterian** in **Scotland** during the 1600s, a time of much disagreement about the **church.** Citizens were expected to **honor** King James VII as the church's **ruler.** Refusing meant **death.**

As a **teenager,** Margaret attended secret **worship** meetings with her younger siblings, Thomas and Agnes. One day the king's **soldiers** captured Agnes and Margaret. Agnes was freed when her father paid for her release, but the soldiers kept Margaret in prison. When she still **refused** to honor **King James** as head of the church, Margaret was **drowned.** Before she died, she quoted the Bible, sang hymns, and prayed for the king's **salvation.**

```
T  E  E  N  A  G  E  R  M  K  D  S
B  T  L  F  H  N  K  D  R  N  R  E
D  N  G  L  X  O  E  J  A  L  U  M
R  O  N  T  D  A  N  L  D  R  L  A
O  I  O  N  T  E  T  O  V  N  E  J
W  T  S  H  L  O  S  J  R  T  R  G
N  A  L  V  C  C  H  U  R  C  H  N
E  V  I  S  W  T  L  C  F  C  R  I
D  L  W  C  Z  V  Y  R  Z  E  R  K
N  A  I  R  E  T  Y  B  S  E  R  P
L  S  B  Y  P  I  H  S  R  O  W  D
M  V  T  Q  S  R  E  I  D  L  O  S
```

Woman at the Well

READ THE STORY OF THE WOMAN AT THE WELL IN YOUR BIBLE. YOU'LL FIND IT IN JOHN 4:4–15.

On His way to **Galilee**, Jesus stopped at a **well**. There, He asked a **Samaritan** woman for a **drink** of water. During their conversation, Jesus offered the woman "**living water**." "Sir," the woman replied, "give me this water!" "Living water" was Jesus' way of giving this **woman** a **hint** of what was to come. Later, after He **died** on the **cross** for our sins, everyone who **trusted** in Jesus would be **filled** with God's **Spirit**. Jesus compared the Spirit **inside** us to "living water." That is the **promise** of never-ending life in **heaven**!

```
M E L P G F W Y L R K V
M S I T C O L Y K R E S
K I V R M D F T M N E S
I M I A G V R H Q T L O
N O N S P I R I T Y I R
S R G D Q Y H N N D L C
I P W T N I H E E K A R
D S A M A R I T A N G L
E Q T V M X S X D V L D
W L E L P U R F T E E Q
L R R Z R R M F W K I N
G W H T R N F I L L E D
```

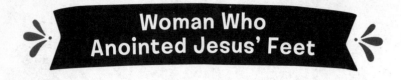

Woman Who Anointed Jesus' Feet

READ THE STORY OF THE WOMAN WHO ANOINTED JESUS' FEET IN YOUR BIBLE. YOU'LL FIND IT IN LUKE 7:36–50.

A **woman** in the village knew that **Jesus** was at the home of an **important** man, so she went there—likely **uninvited**. The important man wasn't **impressed** when she showed up at his door. This woman **loved** Jesus, and when she saw Him, she **cried**. Her **tears** wet Jesus' **feet**, so she **dried** them with her long, beautiful **hair**. She poured a jar of expensive **perfume** on Jesus' feet and then **kissed** them. How did Jesus respond to the man? "When I got here, you didn't wash My feet, put perfume on them, or kiss them," Jesus said to the man. "This woman loves Me, and her **sins** are **forgiven**."

H	A	I	R	B	L	H	T	J	M	D	L
R	D	E	I	R	C	Z	R	Y	K	O	D
I	M	P	O	R	T	A	N	T	V	E	I
S	U	G	F	P	M	Z	T	E	I	L	M
I	P	N	R	O	K	M	D	R	H	N	P
N	K	E	I	P	R	X	D	K	K	A	R
S	D	Y	R	N	J	G	L	X	R	M	E
Y	E	T	J	F	V	S	I	L	Z	O	S
G	S	E	J	N	U	I	R	V	C	W	S
R	S	E	M	S	Z	M	T	A	E	P	E
M	I	F	E	L	R	V	E	E	N	D	
V	K	J	X	N	C	Z	T	X	D	T	Z

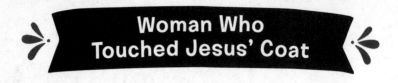

Woman Who Touched Jesus' Coat

READ THE STORY OF THE WOMAN WHO TOUCHED JESUS' COAT IN YOUR BIBLE. YOU'LL FIND IT IN MATTHEW 9:20–22; MARK 5:25–34; LUKE 8:43–48.

A **woman**, **sick** for twelve long years with a **bleeding** disorder, had tried everything to **get well**. Nothing had worked...and **Jesus** was her final **hope**. Pushing her way through a **crowd** to get to Jesus, she **reached** out and **touched** His **coat**. When she made **contact** with Jesus, her body was immediately **healed**! Jesus said, "**Daughter**, your **faith** has healed you. Go in peace and **be free** from your sickness" (Mark 5:34).

```
C  O  N  T  A  C  T  Q  V  L  F  K
H  E  A  L  E  D  C  T  J  X  C  B
L  F  C  T  W  W  A  R  E  I  T  E
D  W  O  R  C  O  R  E  S  W  N  F
B  G  L  K  C  L  P  T  U  B  A  R
B  G  D  D  V  P  H  S  R  M  E
B  L  E  E  D  I  N  G  M  B  O  E
N  B  H  T  H  L  F  U  T  X  W  H
N  L  C  N  W  C  T  A  T  Z  O  Z
H  T  U  R  T  E  A  D  I  P  M  N
L  J  O  T  L  K  L  E  E  T  M  Q
Z  P  T  L  H  G  R  L  R  R  H  Z
```

Answer Key

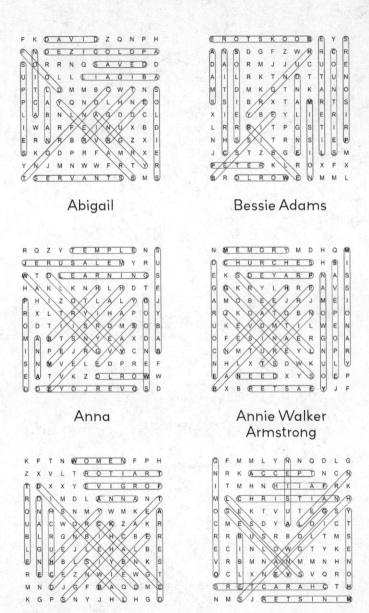

Abigail

Bessie Adams

Anna

Annie Walker
Armstrong

Anna Askew

Jane Austen

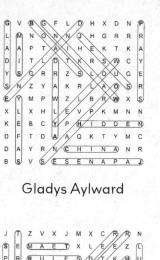

Gladys Aylward

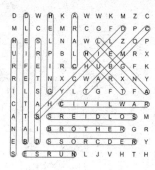

Clara Barton

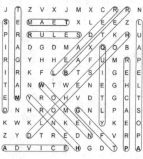

Margaret Baxter

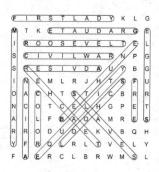

Mary McLeod
Bethune

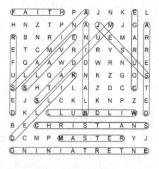

Saint Blandina

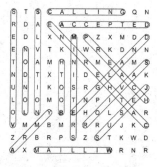

Catherine Booth

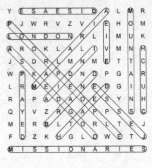

Evelyn "Evie" Brand

Esther Edwards Burr

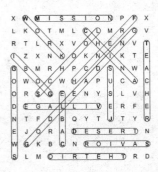

Mildred Cable

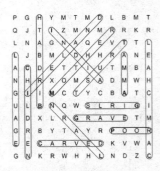

Amy Carmichael

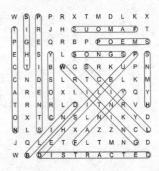

Fanny Crosby

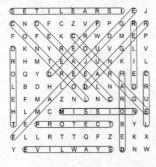

Deborah

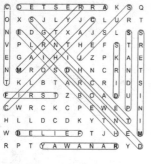

Elisabeth Dirks

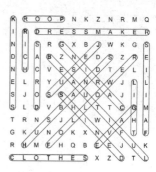

Dorcas

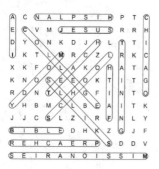

Emma Dryer

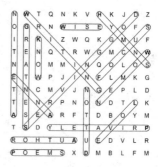

Anne Dutton

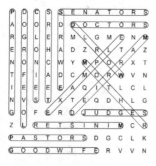

Sarah Pierpoint
Edwards

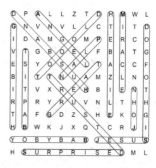

Elizabeth

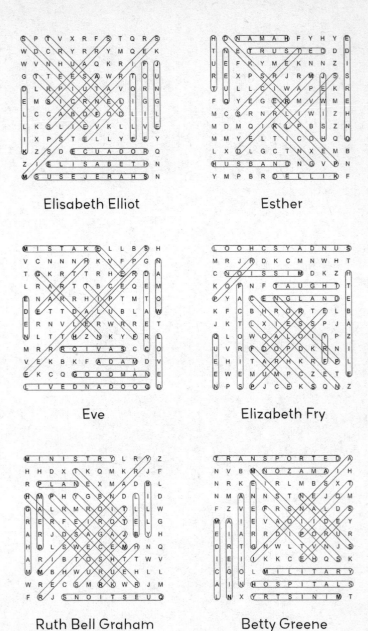

Elisabeth Elliot

Esther

Eve

Elizabeth Fry

Ruth Bell Graham

Betty Greene

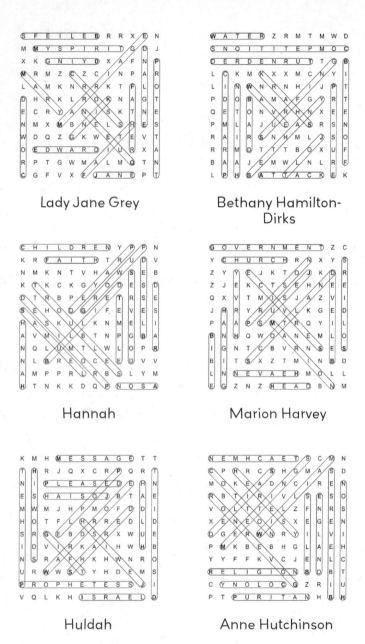

Lady Jane Grey

Bethany Hamilton-Dirks

Hannah

Marion Harvey

Huldah

Anne Hutchinson

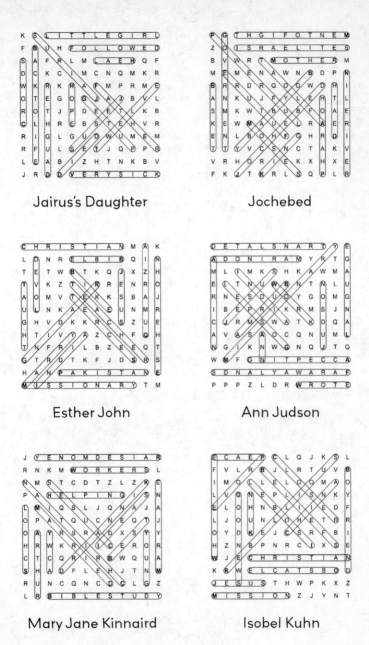

Jairus's Daughter

Jochebed

Esther John

Ann Judson

Mary Jane Kinnaird

Isobel Kuhn

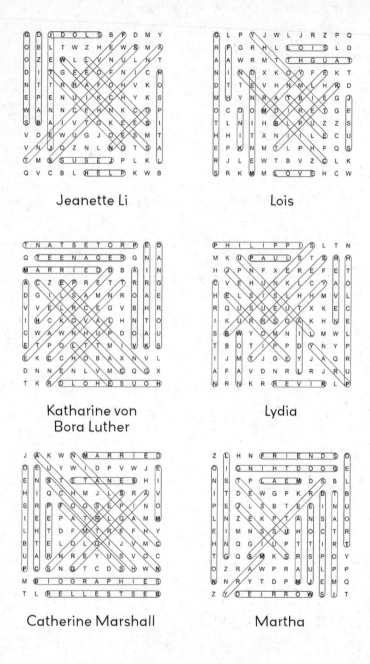

Jeanette Li

Lois

Katharine von
Bora Luther

Lydia

Catherine Marshall

Martha

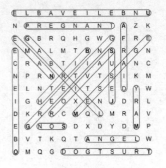

Mary, Mother
of Jesus

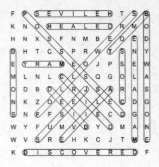

Mary Magdalene

Mary of Bethany

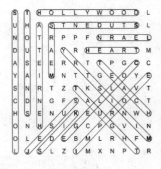

Henrietta Mears

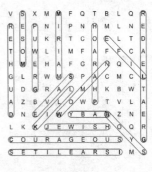

Miriam

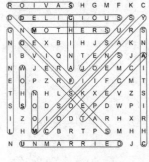

Lottie Moon

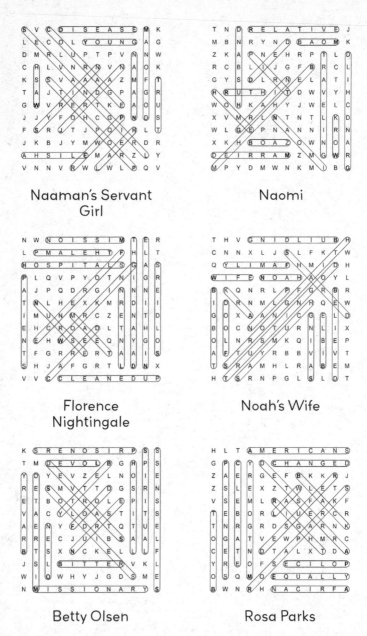

Naaman's Servant
Girl

Naomi

Florence
Nightingale

Noah's Wife

Betty Olsen

Rosa Parks

Perpetua

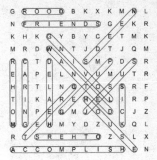

Peter's Mother-
in-Law

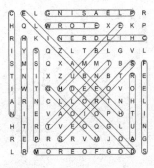

Elizabeth Prentiss

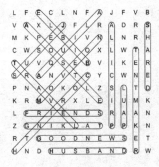

Priscilla

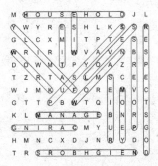

Proverbs 31 Woman

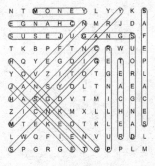

Jackie Pullinger

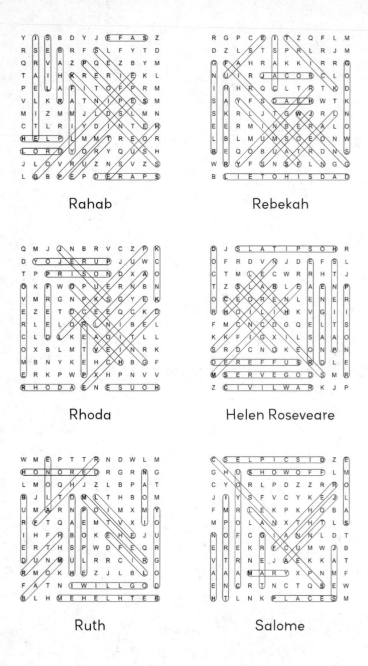

Rahab

Rebekah

Rhoda

Helen Roseveare

Ruth

Salome

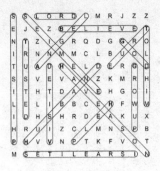

Samson's Mother

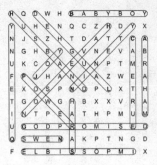

Sarah

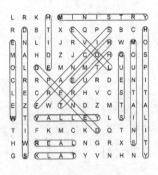

Edith Schaeffer

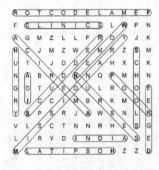

Ida Scudder

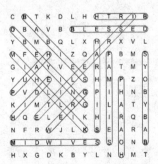

Shiphrah and Puah

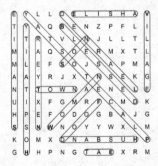

Shunammite Woman

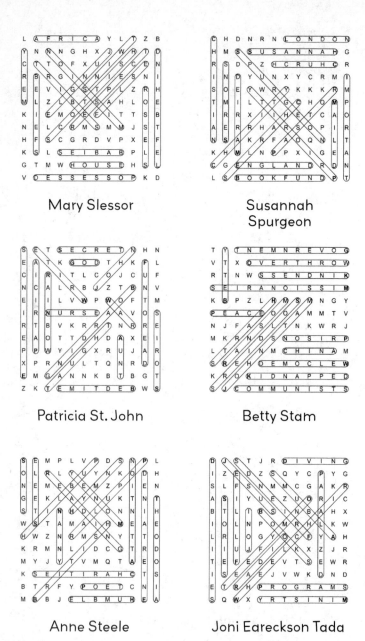

Mary Slessor

Susannah Spurgeon

Patricia St. John

Betty Stam

Anne Steele

Joni Eareckson Tada

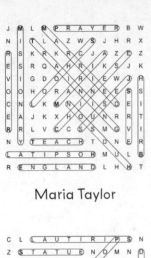

Maria Taylor

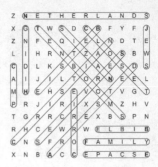

Corrie ten Boom

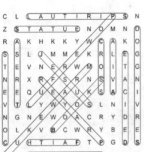
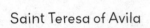

Saint Teresa of Avila

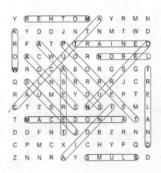

Mother Teresa

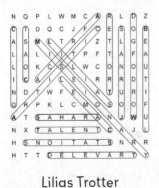

Lilias Trotter

Sojourner Truth

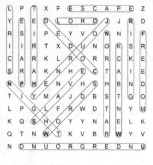

Harriet Tubman

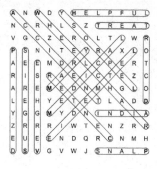

Mary Verghese

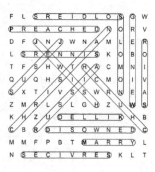

Judith Weinberg

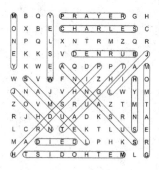

Susanna Wesley

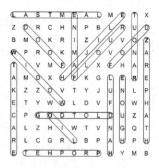

Widow of
Zarephath

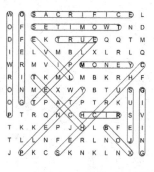

Widow Who
Gave Two Mites

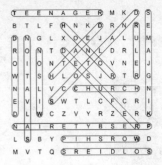

Margaret Wilson

Woman at the Well

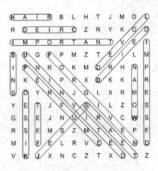

Woman Who
Anointed Jesus' Feet

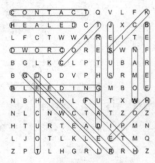

Woman Who
Touched Jesus' Coat

Learn More about
These 100 Brave Women!

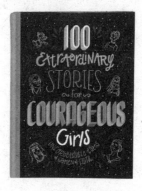

Girls are world-changers! And this deeply inspiring storybook proves it! Just for the girls in your life, ages 8 and up, this collection of 100 extraordinary stories of women of faith—from the Bible, history, and today—will empower them to know and understand how women have made a difference in the world and how much smaller our faith (and the biblical record) would be without them.

Hardcover / 978-1-68322-748-9 / $16.99